JN141236

マインドフルネスと
7つの言葉だけで

自己肯定感が高い人になる本

精神科医　藤井英雄

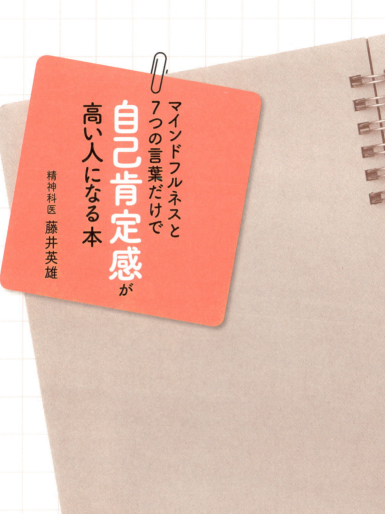

はじめに――自己肯定感って何？

こんにちは！

「マインドフルネスで幸せな社会を創る♪」がモットーの心のトリセツ研究所、精神科医の藤《ふじ》井《い》英《ひで》雄《お》です。

突然ですが、幸せって何でしょう？

お金がたくさんあることでしょうか？

大きな会社に入って安定した職があること？

玉の輿に乗ること？

結婚して子どもを育てること？

功なり名を遂げること？

しかし、**これらの目的を達成しても、自己肯定感が弱いと幸せを感じられません。**

目的達成で一時的にはうれしいかもしれませんが、その喜びは長続きしないのです。

では、自己肯定感とは何でしょうか？

自己肯定感とは、「あるがままの自分で大丈夫だと思える」感覚です。

何かを成功させたり、何かの能力がすごいから自己肯定感が強くなるわけではありません。

自己肯定感が弱いと、自分にＯＫを出すことができません。だから人に肯定してもらいたくなります。

人から頼まれたことはなかなか断れませんし、人に迷惑をかけられないと考えて全部自分でしょい込みがちです。

人に認めてもらおうとがんばることで、有名になってお金持ちになれるかもしれません。でもどんなにがんばって目標を達成しても、心は満たされず、自分を肯定することができないのだからしんどいですね！

一方、**自己肯定感が強ければ、多少イヤなことがあっても「まっ、いいか」と思えるので、ストレスやプレッシャーに負けずに前向きに生きられます。**

では、自己肯定感を決めるものは何でしょう？

子どものころであれば、親やまわりの大人たちが注いでくれた愛情や肯定の言葉、承認の態度です。愛されて育ち、自己肯定感を強化できた人はとてもラッキーです。

しかし、自己肯定感が弱いからと、大人になった今、まわりの人に愛や肯定、承認を求めてもうまくいきません。むしろ肯定してもらおうと行動するたびに、自己肯定感を弱めてしまうでしょう。

自己肯定感が弱いと、ネガティブ思考をして落ち込んだり、不安になったりしがちです。そして「自分なんてダメだ」と自分を否定して、さらに自己肯定感を弱めるという悪循環になってしまいます。

そんなとき、ポジティブに考え直すことができたら、逆に自己肯定感を強めることができます。

しかし実際は、ネガティブなときにポジティブに考えるのはとても難しいでしょう。誰かに「ポジティブに考えてみたら？」なんてアドバイスされたら、むしろ腹が立つかもしれません。

そこで**「マインドフルネス」**の出番です。

「マインドフルネス」とは、日本でもテレビや新聞・雑誌などで紹介されることも多くなりましたので、みなさんも聞いたことがあると思います。

「マインドフルネス」は、「今、ここ」に生きることでネガティブ思考を客観視できるすばらしいスキルです。

近年、心理療法に応用され、グーグルなど欧米の企業の社員研修で採用されて有名となりました。

ネガティブ思考の原因は心が「今、ここ」を離れてしまうことです。思考が未来や過去に飛ぶことで、不安やゆううつなどを感じやすくなるのです。

マインドフルネスで心を「今、ここ」に結びつけておけば、そんなネガティブ思考を自然に手放すことができます。

そうすれば自己肯定感が強くなり、幸せを感じる人生を歩めます。


ただ、「マインドフルネス」の実行は、案外難しいもの。そこで、この本では、マインドフルネスと合わせて、自己肯定感を強めるのにすぐ効果が出る、7つの「アファメーション（肯定的自己宣言）」をオススメします。


アファメーションとは、「肯定的な言葉を使って自分で自分に宣言すること」です。これは自らの潜在意識に働きかけることで、「思考と感情をポジティブに導き、理想や夢、目標をかなえる」ための優れたツールです。

特別な道具もいらず、いつでもどこでもできるのでぜひお試しください。

・「今、ここ」に生きることで幸せになるマインドフルネス
・「理想の未来」を自己肯定宣言で実現するアファメーション

この2つですばらしい相乗効果が期待できます。

自己肯定感が弱い人は幸いです。

自己肯定感が弱いなりに今までなんとかやってきましたよね。

そのつらい思いはすべて「伸びしろ」です。

本書でお伝えするマインドフルネスとアファメーションによって自己肯定感が強くなれば、あとは幸せな人生が待っています。

自己肯定感が強い人もまた幸いです。

自然に生きているだけなのに幸せになれます。

ですが、本書の内容を人生に取り入れたらもっと幸せになれます。

本書では、これらを読みやすい物語形式で解説します。

登場人物は２人。クライアントであるハルカと、師匠の会話で話が進んでいきます。

物語は、ハルカが師匠のもとを訪れて、悩み事を相談するところからはじまります。ハルカと師匠の会話を楽しみながら、アファメーションのコツやマインドフルネスを学び、幸せになりましょう。

では、はじまり、はじまりぃ〜〜！

登場人物紹介

ハルカ

女性。イヤなことを断りづらいなど、「なんだか自分だけ損している」と日々悩んでいる。

師匠

ハルカに指導するカウンセラー。なぜか仙人のような口調になる。

先生…わたし
自分で自分が
疲れちゃって…
すぐ落ち込んで
くよくよしたり
不安になるし
そのくせ
ほめてもらっても
素直に喜べなくて
そんな自分に
嫌気がさして
また落ち込んだり
くよくよ
ダメだなぁ…
それは
自己肯定感
が弱い
せいじゃな
自己肯定感が
弱いと
いくら
成功しても
幸せと思えない
んじゃよ
さらに
人に肯定して
もらいたくて
つい顔色を
うかがって
言うとおりに
してしまったり
自分の
思っていることが
言えない
断われ
ない
いいよ
迷惑
かけたく
ない
うう…
どうすれば
いいんでしょう…
その通りです…
あるがままの
自分でいいと
思える感覚
自己肯定感を強める
ことが大事
なんじゃよ！

マインドフルネスと7つの言葉だけで自己肯定感が高い人になる本

目次

【1時限目】

マインドフルネスは自己肯定感を強化する

【2時限目】トラブルや不運はわたしが変わる種

【3時限目】すべてに感謝すると新しい人生がはじまる

【6時限目】ワクワクするだけで人生が動き出す

イラスト／森下えみこ　デザイン／太田玄絵
企画協力／企画のたまご屋さん　長嶺超輝　編集協力／大西華子
校正／矢島規男　DTP／三協美術　編集／江波戸裕子（廣済堂出版）

【ホームルーム】

自己肯定感を強めればすべてがうまくいく！

なんだか「損な役回り」をやらされるワケ

ハ　師匠！　とってもくやしいことがあったんです。聞いてください！

師　おや、ハルカ。どうした？

ハ　ええ、来週の月曜日が祝日だから、3連休なんです。普段できないことをしようとDVDをたくさん借りてたんです。なのに、突然、先輩に休日出勤を代わってと言われちゃったんです。

師　なるほど、ハルカのことだから断れずに引き受けてしまったのじゃな？

ハ　はい。だって断ったら悪いじゃないですか。

師　ん？　悪いとは？

ハ　相手が気を悪くするかもしれないし、嫌われちゃうかも……。はぁ、なんでわたしはこんなに気が弱いんでしょう？

本音ではイヤなのにビシッと断れないのは、なぜなんでしょう？

師 それはハルカの「自己肯定感《じここうていかん》」が弱いせいじゃ。

ハ 自己肯定感って何ですか？

師 **自己肯定感とは、あるがままの自分を肯定できること**じゃ。
そもそも日本人は欧米諸国と比べて、いちじるしく自己肯定感が弱い傾向にある。「和をもって貴《とうと》しとなす」の風土のせいじゃろうな。自己主張をよしとせず、自分の欲求を満たせない。
だから、「あるがままの自分が嫌い」「自己肯定感が弱い」ということになってしまうんじゃ。

ハ そりゃあそうでしょう。自分があるがままでいいはずないですよ！

師 あるがままでよいと言っても、ワガママでいいという意味ではない。逆に、あるがままの自分を肯定できないとどうなるかを解説すると、わかりやすいじゃろう。

ハ はい。お願いします。

師 自己肯定感が弱いと、次のような行動をとってしまう。

●自分の代わりに肯定してほしくて他人に依存してしまう
↓批判を恐れる（迷惑をかけたくないと人に迎合して、断れない・頼めない）
↓他人にほめられたい（役に立ったと人に思ってもらいたいため、おせっかいや過干渉で逆に迷惑がられる・勝手に忖度《そんたく》する）

●偽りのパワーがほしくて他人を支配しようとする
↓DV・各種ハラスメントやいじめなどをして他人を支配する

●つらい気持ちを緩和するために現実逃避する
↓「今、ここ」の現実から目をそらし、自分を「自動操縦モード」にしてしまう（酒やドラッグにはまる、パチンコなどのギャンブル依存・買い物依存、食行動異常や自傷行為をする）

自己肯定感が弱いとこうなってしまう！

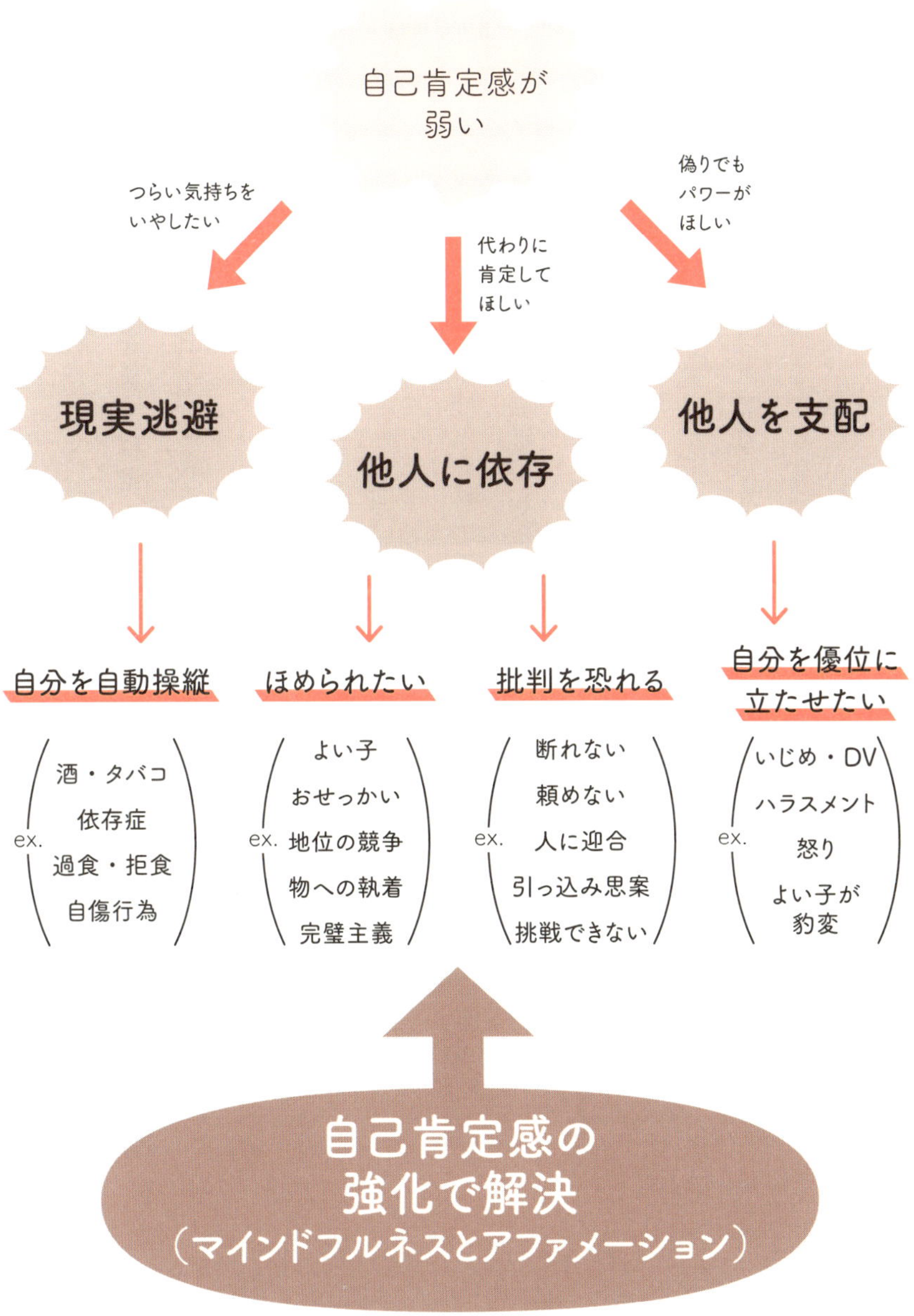

師　では、あるがままの自分を肯定できないのはなぜか？

それは、**「あるがままでは他人に受け入れてもらえない、みんなに嫌われてしまう」という恐れがある**からなのじゃ。

そんなふうに考えるから、受け入れてもらうためにかなりムリをしなくてはいけない。だから、ホントはイヤなことでもムリに引き受けたり、ほしいものもほしいといわずに我慢したりするんじゃよ。

ハ　で、でも現実問題としてそうせざるを得なかったりするのではないですか？
イヤだからと会社員が仕事を断ってたら、やる気ないと思われてリストラされちゃうかも！　最悪、会社の利益にも影響が出ませんか？

師　もちろん処世術や責任感から断らないのもありだが、**自分の心の声に正直に生きられないのはつらいこと**じゃ。
おまけに、自分をまわりに認めてもらうためには、
もっとお金を稼げる人にならなければならないとか、
もっと成功しなくてはならないとか、

もっと成績がよくなければならないとか、女性なら、もっとかわいくなければとか、〝もっともっと〟がどんどん続くんじゃ。

ハ あぁ……。

師 相手が不機嫌になるのを恐れて意見をハッキリ言えなかったり、断られるのがつらいので誰かに何かを気軽に頼めなくなるのう。その結果、何でも自分で抱え込んでしまうんじゃ。

ハ は、はあ。

師 何かをはじめる前から、失敗しそうだという漠然とした不安につきまとわれてしり込みしてしまう。また、恐る恐るはじめてみるとやっぱり失敗して「ああ、やっぱり失敗した！」と思ってみたりもする。

ハ う〜ん。

師 ちょっと批判されると、全人格を否定されたように傷つくという傾向もあるな。いつも人目を気にして生活しとるから、それはもう疲れ果てて、とにかく不幸な人生を送ることになる。
おや？　ハルカ、どうした、真っ青な顔をして？　図星か？

自己肯定感が強い人は、自己主張しても嫌われない

ハ　わたしの問題はまさにそこにあるようです。それで、自己肯定感が強くなったら、そういった問題が解決して幸せになれるんですか？

師　そうじゃ。でも自己肯定感が強い人間というのは、自分が成功したからとか、能力が高いから自信があるわけではない。
そうでなくて、**あるがままの自分を、「まあ、いいか。これでよし」と思えて受け入れることができる**んじゃ。

ハ　う〜ん。具体的にはどういうことなんでしょう？

師　自己肯定感の強い人間は、自分で自分を認めているから、他人の評価に過度に依存することがない。イヤなことはイヤときちんと断ることができるし、やり

たいことはやりたい、ほしいものはほしいとハッキリ主張できる。しかも、そういう自己主張をしたとしても嫌われることもなく、うまくまわりの人ともやっていけるし、かえって物事がうまくいくんじゃよ。

ハ　なぜですか？　ワガママと思われませんか？

師　まず、**自己肯定感が弱い者が自己主張する場合、その主張は聞き入れられない前提でしゃべるから「批判されないように恐る恐る」主張してみる。**もしくは「怒りのパワー」を借りて意見を相手に押しつける形になりがちじゃ。するとどちらも相手に余計な構えをされやすくなってしまう。つまり「イヤだな／めんどうだな／断りづらいな／重いな」と嫌われるパターンとなる。

ハ　うう……確かに。

師　**一方、自己肯定感が強い者が人に頼むときは、聞いてもらえるだろうという安心感から力みなしに語る。**また、どうしたら聞いてもらえるかと前向きに考えてきちんと説明もする。だから、頼まれるほうも余計に構える必要が

自己肯定感が強い人は、自己主張もうまくできる。

なく、その理由にも納得して、「あっ、いいよ」と受け入れやすい。

ハ ……。

師 それに**自己肯定感が強いと、自分の気持ちを理解できるから、他人の気持ちも理解できる。**だから、愛情をもって他者に接することができる。

たとえ自分の頼みを断られても、相手なりの事情があると理解でき、自分が嫌われたと勘違いして傷つくこともない。

恥をかくことや失敗を恐れずにいろんなことにチャレンジできるから、成功の確率も高い。

ハ いいことずくめですね！

師 たとえ失敗したとしても、その失敗から前向きに多くのことを学ぶので、成長や上達も早い。そんな幸せな人生を送ることができる人なんじゃよ。

ハ ああ、いいなあ！　わたしもそんな人になりたいです!!

師 このままではハルカは週末のＤＶＤを見られんどころか、一生、いろいろとイヤな思いをすることになるのう。よかろう！　これから、幸せになる方法を伝授してしんぜよう。

ハルカの自己肯定感を強化して、心の底から自分は幸せだ、と感じられるように、これから、ムリなく幸せになる方法を講義してやるぞい。

ハ　よ、よろしくお願いします。

【ホームルーム】のまとめ

自己肯定感を強めると人生が変わる

・自己肯定感とはあるがままの自分をどれだけ愛せるかということ。
・自己肯定感を強めることで、幸せな人生を送れるようになる。

【1時限目】

マインドフルネスは自己肯定感を強化する

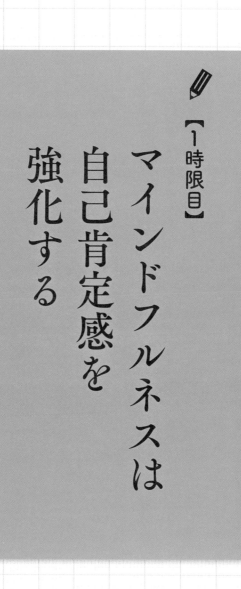

ポジティブ思考がなかなかできないあなたへ

師　さて、最初に確認しておくことがある。**「感情は思考の結果である」**とはもちろん知っとると思うが……。

ハ　何です、いきなりそんな耳慣れないことを。〝感情が思考の結果〟だなんて、はじめて聞きましたよ。

師　そうか。では簡単に言うと、**ネガティブなことを考えている（思考）と、ゆううつな気分（感情）になってしまうし、ポジティブなことを考えていれば愉快な気分になれる**わけじゃ。自己肯定感も強くなる。

ハ　ええっ、ホントですか？　イヤなことがあったからゆううつになるのでは？

師　確かにゆううつな気分のときはネガティブなことを考えやすい。それで悪循環になるのも事実じゃ。

しかし、感情のスタートは「思考」じゃ。最初に何を考えたか、つまり**思考**

が感情を決めるんじゃ。

ハ　う～ん。なんだか信じられません！

師　では実験してみよう。ハルカ、最近あった一番いいことは何じゃ？

ハ　えっ、いいことですか？　そうだ！　小説のコンクールに応募したら、３等に入ったんですよ。すごくうれしかったです。それに少しだけど賞金もいただいちゃいました。

師　さて、ハルカ。ここに来たときは、押しつけられた休日出勤のことを考えていてくやしそうだったが、今はうれしそうな顔をしておるの。いったいどうしたんじゃろう？　何が

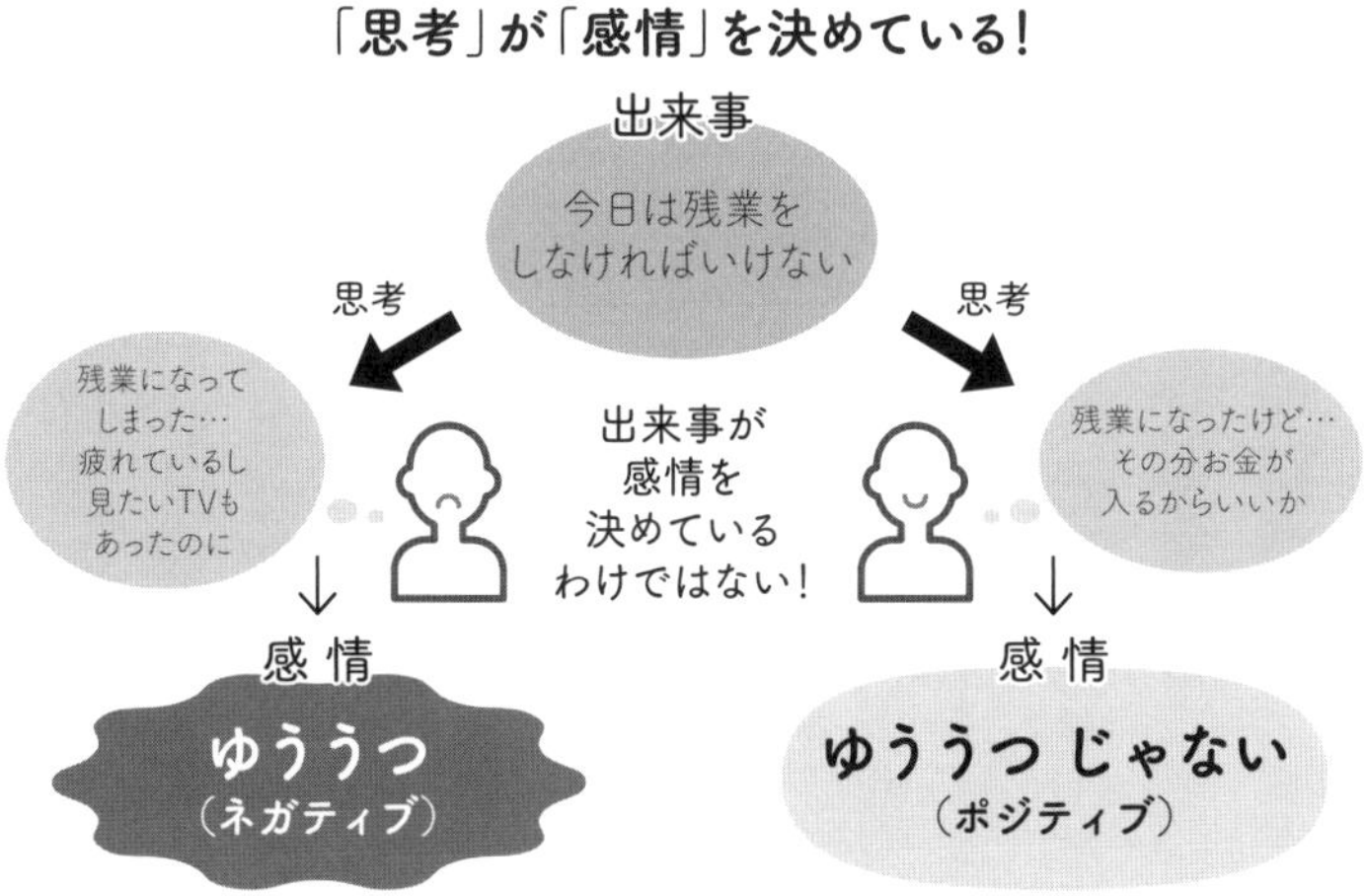

「思考」が「感情」を決めている！
出来事
今日は残業をしなければいけない
思考
思考
残業になってしまった…疲れているし見たいTVもあったのに
出来事が感情を決めているわけではない！
残業になったけど…その分お金が入るからいいか
感情
ゆううつ（ネガティブ）
感情
ゆううつじゃない（ポジティブ）

ハルカの気分をこんなに短時間に改善したのかのう？

ハ　楽しいことを考えたから、いい気分になったと言うんですか？

師　そのとおりじゃ。

ハ　なるほど。じゃあ、ゆううつなときはイヤなことは考えないようにして、楽しいことを考えたらいいと、そういうわけですか？
いわゆるポジティブ思考ですね。

でも、いつもポジティブに考えるって、けっこう難しいですよ。ポジティブに考えよう！　と思っていても、いつのまにか、ついネガティブに考えてしまうんですよね。

わたしたちの心は心配するようにできている

師　そう。**ポジティブ思考は難しい**んじゃよ。
無自覚でボーッとしていると、人の心は何かを心配するようにできておる。

さらに、今、心配がなくとも、過去のイヤな記憶をわざわざ思い出して後悔してみたり、未来のことを心配してみたりするものなんじゃ。

ハ　心配するようにできているって、どういうことですか？

師　**心配することが心（思考）の役割**だからじゃ。

たとえば、ハルカが何かひどい目にあったとしたら、もう二度とそんな目にあいたくないと思うのではないか？

そこでハルカの心はこう考える。「もうひどい目には二度とあいたくない！　そのためには、どうしたらよいか？」とな。

そこで、過去のひどい目にあった体験を何度も思い出しては考えるんじゃ。今後同じような目にあいそうなときには、すぐに自分に警告を出せるようにしたり、予防対策を練ったりするためじゃ。

ハ　ああ、なるほど。

師　将来に備えて過去のイヤな記憶を呼び出す！　これを、うっかりうわの空でやると、心は過去の後悔と未来の不安ばかりになるんじゃ。

そして現状を分析して対策を立てているつもりでも、いつのまにか相手への不満や現状へのグチに終始することになる。**心が「今、ここ」を離れると、他人のあるがままを不満に思い批判的になったり、自分のあるがままを不満に思い自己嫌悪に陥りやすい**のじゃ。

ハ　それ、わかります！

師　つまり、ボーッとしていると心はネガティブなことばかり考えてしまい、その結果、ゆううつな気分になるんじゃよ。

ハルカのように**自己肯定感が弱い者は、どうせわたしなんかダメだと悲観したり自己嫌悪に陥ったりもしやすい。**

ハルカは他人が自分をどう見ているかにとても敏感で、ビクビクしているときがあるじゃろう？

ハ　ええ……。

師　だから、「あの人はわたしをどう見ているんだろうか」とか「みんな自分をバカにしている！」などと、被害妄想にまで発展したりもする。

ハ　あでもない、こうでもないと頭の中で考え続けて、ネガティブな思考を増殖させてしまうんじゃ。

師　そのとおりです！　でも、過去の失敗に学んで成長することもあるのでは？

ハ　それは意図的にそうできた場合じゃ！　うわの空だとただのネガティブ思考になってしまう。

なお、うわの空になっていることを「マインドレスネス」といい、**うわの空の反対を「マインドフルネス」という。**

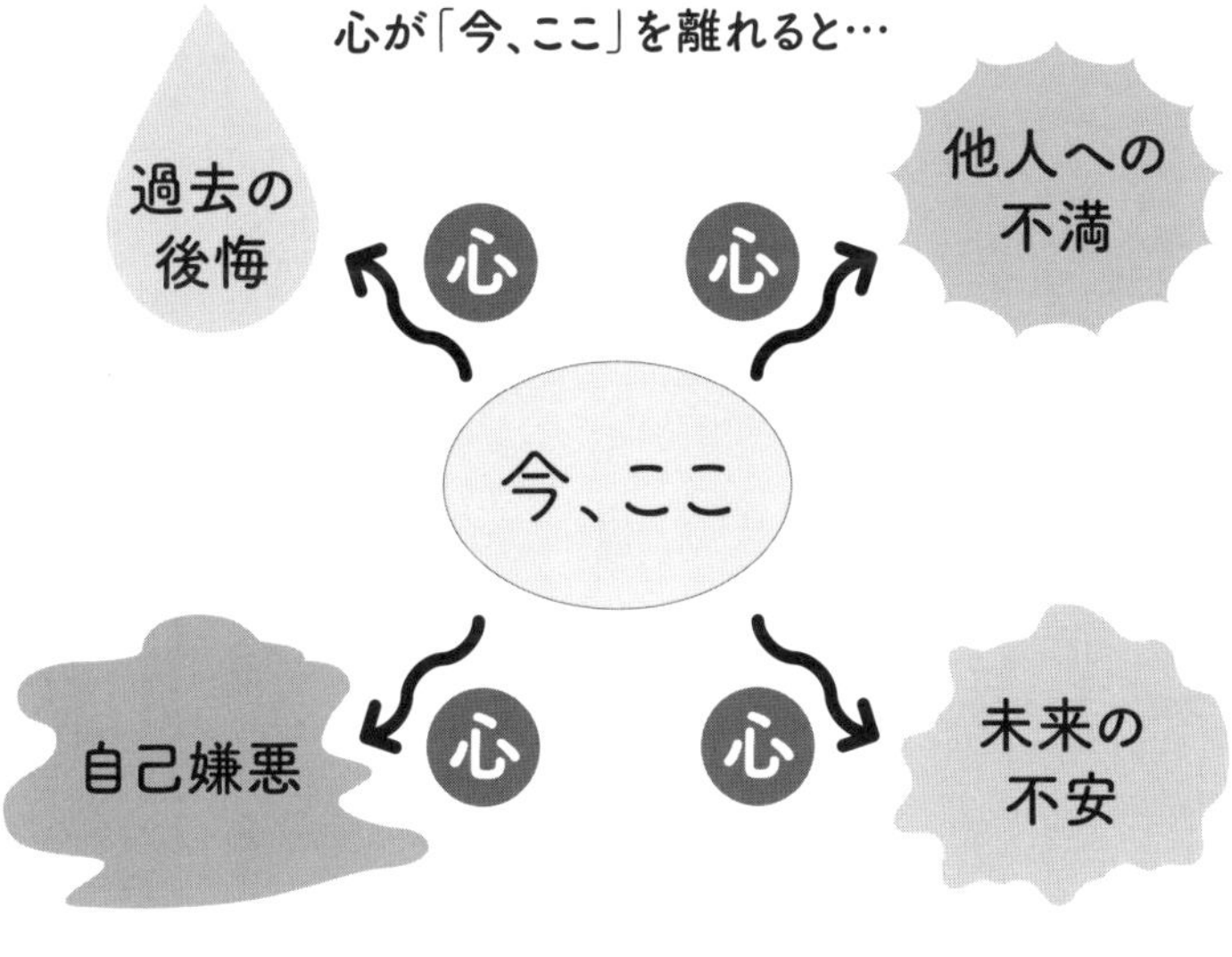

今こそ、本当の自分に気づくとき

師　**マインドフルネスとは「今、ここでの現実や自分の想念（思考と感情）にリアルタイムかつ客観的に気づいていること」**じゃ。
つまりネガティブな思考が頭の中に流れたときに、リアルタイムで自分が考え、感じていることに気づけることだな。

ハ　う〜ん。具体的にはどういうことでしょう？

師　「自分は今、恐れている！」とか「自分は今、後悔している！」などと、気づいていることじゃ。

ハ　それがいったい何の役に立つんですか？

師　ハルカが、自分がクヨクヨと後悔していることに気づいたとしよう。すると、その後悔というネガティブ思考から一歩引いて、客観的な視点から自分自身を眺めることになる。つまり、後悔を手放して前向きに考えるチャンスがめぐってきたわけじゃ。

ハ　ちょ、ちょっと待ってください、師匠！　わたしは後悔していることぐらい、いつだって気づいてますよ！

師　そうか？　ハルカはいつでも自分の思考に気づいていると言うのか？

ハ　そりゃ、そうですよ。どこの世界に自分が考えていることに気づいていないなんて間抜けな人がいるんです？　誰だって、ちゃんとわかってますよ。

師　じつは**ほとんどの人は、「今、自分が何を考えているのか」に気づいていない**んじゃよ。
人間はそこに無自覚じゃ。たいていは一瞬だけ、自分の思考に気づき、そしてすぐに無自覚な状態にもどっていく。そしてしばらく経つと、また一瞬だけ気づきの状態にもどる。つまり、ほとんど「マインドレス」で過ごしているんじゃ。

ハ　ええ～、ホントですか？

師　そもそも人間の能力として、マインドフルネスを続けるのは難しい。
たいていの人は自分の今の思考に気づけている時間、つまりマインドフルネスはせいぜい3秒ぐらいじゃろうな。1日でトータルしても、ハルカならせいぜい10分程度じゃろう。

ハ　そうなんですか？　ちょっと信じられない……。

師　たとえばこんな経験はないか？　猛烈に頭にきて怒鳴り散らしている最中に、ふと、我に返って冷静になる。
またば、嫌いな人のことを考えていて、その人がまだやっていない想像上の悪事に対して、もしもこんなことをされたらどうやって仕返ししてやろうなどと夢想している自分にふと気づいたり、といったことじゃ。

ハ　ありますね。

師　そういうときは、ほとんど無自覚のままでネガティブな思考が脳内で垂れ流しになり、ネガティブな感情に支配されてしまう。
そしてつかの間、思考を自覚できた、つまり**マインドフルネスになれたとしても、またすぐに無自覚にもどってネガティブ思考に巻き込まれてしまう**んじゃよ。

ハ そんなバカな……。

師 では、試してみるか？

ハ 自分の呼吸に注目してみよ。

ハ えっ？ 呼吸ですか？（スーハースーハー）

師 わしが呼吸のことを言い出すまで、ハルカは呼吸のことなど忘れていたであろう？ つまりは呼吸に関して無自覚だったのじゃ。

ハ ま、まあそうですね。確かに、呼吸のことは忘れてましたけど、でもそれと思考はちがいますよね？

師 では、「今はここにいて師匠の話を聞いている」ことを、まずは自覚してみい。

ハ は、はい。

師 自分が考えている内容については、きちんと自覚できているじゃろうな？

ハ え、ええ。もちろんですよ！

〈筆者注：ハルカはこの寸前まで、自分の思考に無自覚であったことについて、この時点ではじめて気づいたのですが、くやしいのでそのことは黙っています。みなさんも「この文章を読んでいる自分」

を今、ここで自覚してみてください。文章の内容に集中していて、今、ここでの自分、つまり、「今ここで、この文章を読んでいる自分」という現実に無自覚だったのではないでしょうか？）

ネガティブ思考に気づいたらやってみること

師 これからはネガティブな思考に気づいたら、**「思考そのもの」と「思考する自分」との2つを区別するように心がける**んじゃ。

ハ 思考そのものと思考する自分を区別？

師 「自分は○○を考えている」と気づき、客観視することで、その2つは区別できるんじゃよ。

ハ うーん、客観視ってどういうことですか？

師 文字どおり、物事を客観的に観ることだな。その際、その思考を消し去ろうなど小細工をしないこと。

特にネガティブになったことを後悔したり、またそんな自分を嫌悪したりしないことが大切じゃ。

ハ　はあ……。それにはどんな効果があるんですか？

師　きちんと思考に気づけていたならば、そのネガティブ思考は氷が熱い湯の中で溶けていくように、徐々に小さくなって消えてゆくじゃろう。

ハ　そうか！　小さくなって消えていく様を観察するわけですね。

師　もしかしたら、なぜそのようなネガティブな思考にとらわれてしまうのかに関しての「洞察《どうさつ》」が得られて問題が解決するかもしれん。

ハ　洞察って何ですか？

師　物事の本質を見抜くことじゃ。

つまり、**より広い見地から物事を見ることで、自分の無自覚な行動パターンの裏にある原因や解決法を理解したり直感したりすることを「洞察」という。**

「あ、そうか！ 体験」でストレスから解放される

ハ ん、ん？ なんか余計わからなくなりました。

師 たとえば、ハルカがレジに並んでいて、前の人が財布からモタモタと小銭を出していたとしよう。

ハ イライラしそうですね。

師 そのイライラする気持ちにきちんと気づいて、イライラする自分を観察できていたとする。するとと突然ひらめくんじゃ。

たとえば、「あっ、そうか！ 自分はほかの人の迷惑にならないように小銭を最初から用意しておくけど、それは後ろの人ににらまれないかと思って恐れているからだ。自分に許していない行為だから他人がしていると無性に腹が立つんだ」となる。

ハ そ、それでどうなるんです？

師 こういう「あっ、そうか！ 体験」をすると、そのあと、自分と他人をちょっぴり許せたりする。**この「あっ、そうか！ 体験」を洞察というんじゃ。**

洞察を得ることでストレスから解放されることもある。

ハ へ～！

師 ネガティブな思考や感情ほど気づきにくいのだよ。というのは、感情に巻き込まれてしまい、冷静に（マインドフルに）なれないからじゃ。

その意味でいわゆる瞑想や座禅で雑念に気づくよりもハードルが高いかもな。

いったんネガティブ感情に巻き込まれてしまうと、ああでもない、こうでもないと考え続けてしまう。そしてやがては、後悔が自己嫌悪へ発展し、不安が不安を呼んで坂道を転がり落ちる雪玉のように巨大になっていく。

すると、自己肯定感が弱くなり、不幸な人生になりやすくなる。

ハ 怖いですねえ。

師 そうはならないように「今、ここ」に気づきを得なくてはいかん。それがマインドフルネスじゃ。ハルカよ、マインドフルネスの修行をするんじゃ。そしてマインドフルネスを活用するのだ。

ネガティブ思考に、「自己嫌悪」「嫉妬」などと名づけると心がラクになる

ハ　マインドフルネスの修行って、どうすればいいんでしょう。

師　まずは自分の思考にラベルをつけるとよいぞ。

ハ　ラベルって？　紙の？

師　そんなわけなかろう！　たとえじゃよ。
自分のネガティブ思考に気づいたら、その思考に**〝自己嫌悪〟〝嫉妬〟〝うらみ〟**などと名前をつける、つまりラベルをつけるんじゃ。

ハ　なるほど！　そのラベルね！

師　そして、「おっと、これは〝後悔〟だな」とか「他人を批判している」などと心の中で実況中継してみる。

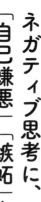

これは後悔
後悔
ペタ
うまくいかないなあ・・・
他の人はうまくやってるのに
嫉妬
ペタ
これは嫉妬だ
なんで私って・・・

ハ　するとネガティブ思考の連鎖がいったんストップするんじゃ。

師　ふむふむ。それはいいですね。

ハ　ネガティブ思考のラベルで多いのは、自分に関することでは、**「過去の後悔」「現在の不満」「未来の不安」**、それらの結果である**「自己嫌悪」**などじゃ。

師　自分に関すること以外では？

ハ　他人や環境に関しては**「嫉妬」**や**「ねたみ」「うらみ」「被害妄想」「不満」**、そして**「批判」**などがあるのう。

師　「批判してしまった」と自分自身を心の中で実況中継してみるのもええ。時には古舘伊知郎さんのように、「おーっと、わたしハルカは、今、『チェッ！』と思ってしまいました！」という具合にオーバーに実況してみるのも一興じゃ。

ハ　それでどうなるんです？　ホントにそのイヤな思考が薄まるんですか？

師　そう。ラベルをつけたり、実況中継ができれば、自分自身がネガティブ思考していたりネガティブ感情に浸っていたことを、客観的に観られるんじゃ。

ハ　へー！

師 つまり、ネガティブから一歩引いた立場であれば、冷静に物事を観ることができるんじゃよ。

そうせずに、無自覚にいつまでもネガテイブな思考を頭の中に垂れ流していると、すぐゆううつになるし、やがてはネガティブな現実まで引き寄せてしまうことになるぞ。

ハ そ、そうなんですか？

師 失敗するんじゃないかと恐れれば恐れるほど緊張したり不安になったりして、うまく力を発揮できずに、結果として失敗する確率が高くなるんじゃ。これを**引き寄せの法則**と言うこともある。

ハ 引き寄せの法則！ 聞いたことがあります。そういうメカニズムだったんですね！

師 客観的に自分の思考を見つめることができると、冷静に物事を運べるので失敗がぐんと少なくなるわけじゃ。

ハ でも、嫉妬とかうらみとか、他人に関することはどうなるんです？

師 たとえばほかの人がとても裕福で恵まれた環境にいるとして、ハルカが「あの人ばかり恵まれて!!」と思ったとしよう。いわゆる嫉妬じゃ。そう思った瞬間、自分の潜在意識の中には「あの人は恵まれているが、自分は恵まれていない」とか「自分のほうが劣っている」というネガティブな自己暗示が入ってしまう。

潜在意識《せんざいいしき》についてはあとで説明するが、**潜在意識への暗示はいずれ現実化する。**つまり、「ハルカはいつまでたっても恵まれないまま」というネガティブな現実が引き寄せられてしまうんじゃ。

ハ そんなー!!

師 たとえば、うらみに関してはこうじゃ。ハルカが「ちぇっ! あの人のせいでひどい目にあった」と思ったとしよう。そういう目でいつも相手を見ていると、相手のネガティブな側面にばかり注目することになる。

ハ はあ。

師　相手も嫌われているとうすうす感じるから、ますます関係がギクシャクする。かくして、〝イヤなあいつ〟という視点が強化され、そのことばかり考える。〝イヤなあいつにひどい目に合わされる〟自分が存在し続ける、つまり現実化するというわけじゃ。

ハ　**人をうらむと、余計ひどい目にあう**んですね！　そこで、自分の思考に気づいていると防げるのですか？

師　そうじゃ。なぜなら、自分自身を冷静に見つめておけば、ネガティブに考え続けることがなくなるからじゃ。さらに洞察を得て、問題が解決する可能性もある。

どうじゃ、ハルカもマインドフルネスをやってみたいか？

ハ　そりゃもう、やってみたいです！

師　しかしムリかもしれんな。ハルカのようなおっちょこちょいは、いったん気づけてもすぐに無自覚にもどってしまうじゃろうな。

ハ　なんですって！　お、おっちょこちょい？　失礼な！　わたしはおっちょこちょいではありませんよ！

師 ふぉ、ふぉ、ふぉ。ハルカ、今の〝怒り〟にはちゃんとラベルをつけられたかの？　まさか無自覚に怒りまで一直線に行ってしまったのでは？　おおかた、わしが指摘するまで、思考にも感情にも無自覚だったのであろう？

ハ え、ええ。思考にラベルをつけるのって結構大変ですね……。でも、今ので言えば、師匠のおっちょこちょい発言を聞いて、別に何も考えませんでしたよ。つまり考えずに、もう怒ってました。そうなると、思考が感情を生む、という師匠の説も怪しいんじゃないですか？

師 まあ、ハルカはぼやしいからのう。

ハ ぼ、ぼやしい？　何ですか、それ？

師 ある地方の方言で、ボーッとしているとか、にぶいとかいう意味じゃ。

ハ なっ……やっぱりバカにして!!

師 〝ぼやしい〟というわしの言葉を聞いただけでは、怒りという反応は発生しなかった。しかし「師匠は自分をバカにしている」と思考したがゆえに、怒りが燃え上がったんじゃよ。

さらに詳しく言えば、怒りの前にもうひとつ「バカにされてくやしい」、もしくは「恥ずかしい」という感情が間に入るんじゃが、それも気づかなかったか？

ハ　そんなにややこしいんですか？

師　怒りとは感情の中でも二次的なもので、何かを見聞きした直後に発生する感情は怒りではないことも多いのじゃ。で、自己肯定感を一時的に補強して相手に文句を言うための起爆剤として、怒りを活用するわけじゃ。

ハ　は、はあ。

師　ここで大切なのは思考に気づいてラベルをつけることだったな。この場合は、

①ハルカがわしの〝おっちょこちょい〟という言葉を聞いた
②わしがハルカをバカにしていると解釈した
③くやしいと感じた
④怒ることで相手に反発するエネルギーをためた

の4つじゃな。

ハ こんなふうに分けるとわかりやすいですね。

師 ここで問われているのは②の段階で、「師匠がわたしをバカにした」という自分の勝手な解釈に気づいて「解釈した」などとラベルをつけて実況できたかどうかじゃ。

ハ なるほど。

師 もしくは、「**おぉっと〜！　わたしハルカは、今、師匠のおっちょこちょい発言を、師匠からわたしへの嘲弄と受け取りました。とってもくやしいです。怒りまで湧いてきましたよ。さあ、どうしましょう？**」などと自分の被害妄想を心の中で実況できたかどうかじゃな。

ハ ひ、被害妄想って？　妄想ではなくわたしを本当にバカにしましたよね？

師 そうか？　わしが愛情をもってそう指摘してあげたのに気づかなかったか？

ハ えっ？

師 非難したとか、バカにしたのはあくまでもハルカの主観的な判断じゃ。

客観的な事実は〝おっちょこちょい〟という単語をわしが言ったことだけ。まあ、おっちょこちょいという単語自体にある種のネガティブな意味合いが含まれているのは事実だが。この話題を振るために、わざわざおっちょこちょいを使ったのはそのためじゃ。

ハ ええ～！

師 そして次は〝ぼやしい〟じゃ。この単語を使ったのは、バカにされた事実が即、ハルカの怒りを誘発したのではなく、ハルカ自身の「バカにされた！」という思考が怒りの発端であることを、よりハッキリさせるわしの意図があったわけだぞ。

ハ で？ ラベルをうまくつけられたり、心の実況中継ができたりすればそういった反応が起こらないと？

師 いや、怒りの反応自体がまったく起こらないと言うつもりはない。もちろん、バカにされれば怒りの感情も出るであろう。くやしい思いもするし、逆にいいことがあればうれしくなる。

ハ　なーんだ。
師　大切なのは、そういった思考や感情にするどく気づきを入れること。
ハ　そうか！　でないと、ネガティブ思考は自然と連鎖しやすいからですね！
師　わかってきたのう。初心者のうちは、思考や感情に気づけているかの目安として、リアルタイムでラベルをつけたり実況中継ができたりしたかどうかを確かめておくのがオススメだぞ。
さらにラベルをつけて実況することがマインドフルネスを強化するんじゃ。
ハ　なるほどねえ。なんか、もう完全にマインドフルネスをつかみました！
師　おっと、大丈夫かのう？　ハルカのようなおっちょこちょいが、本当にわかっているのか？
ハ　えへへ、師匠、もう、その手には乗りませんよ！　その〝おっちょこちょい〟もひっかけでしょう？
師　おおっ！　わたしはすばらしい弟子を持った！　師匠冥利に尽きる！
ところでハルカよ。その得意満面になったほうの思考や感情にもちゃんと気づきを入れることができたか？

ハ　えっ！　ポジティブ思考にも気づきが必要なんですか？

師　気づきのパワーはすごいぞ。

ネガティブ思考は半分に、ポジティブ思考は倍返しじゃ。

ハ　どういう意味ですか？

師　思考の結果が感情と言ったじゃろう。だから、

ネガティブ思考→ネガティブ感情

ポジティブ思考→ポジティブ感情

となる。

マインドフルネスの結果、自分がネガティブに考えていることに気づいたら、意図的にポジティブに変えてみるチャンスが生まれる。

ハ　ポジティブ思考が倍になるなんて、いいですね！

師　まあ、倍増するとは限らん。ただ、ポジティブ思考の機会が増えるわけじゃよ。

さて。では、まずは高らかに宣言するのじゃ！

「わたしは、今、気づきを得ています」とな。

ハ　な、何ですか、それは？

師　アファメーションじゃよ。

7つの神アファメーションを利用せよ

師　アファメーションとは「肯定的自己宣言」じゃ。**こうありたいという自分の理想の姿を思い描いて、すでにそうなったと想像して声に出して高らかに宣言する**のじゃ。

ハ　なるほど。でも、何の意味があるんですか？

師　アファメーションによって理想の姿が潜在意識に書き込まれる。そして、いつか現実のものとなるであろう。

ハ　にわかには信じられません……。そもそも潜在意識って実際のところ、どんなものなんでしょうか。

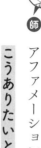

師 おお、そうじゃったな。人は心の中をすべて認識できているわけではない。自分自身で認識できている部分を「顕在意識《けんざいいしき》」といい、認識できない部分を「潜在意識」というんじゃ。

ハ あ！ 氷山の絵にたとえられているのを見たことがあります！

師 そう、それじゃ。図を見てもらうとわかるが、**潜在意識のほうが大きくてパワーがある**んじゃ。顕在意識でアファメーションを繰り返すと、やがて潜在意識に書き込まれていく。アファメーションが潜在意識にまで到達すると効果が出てくるというわ

潜在意識と顕在意識

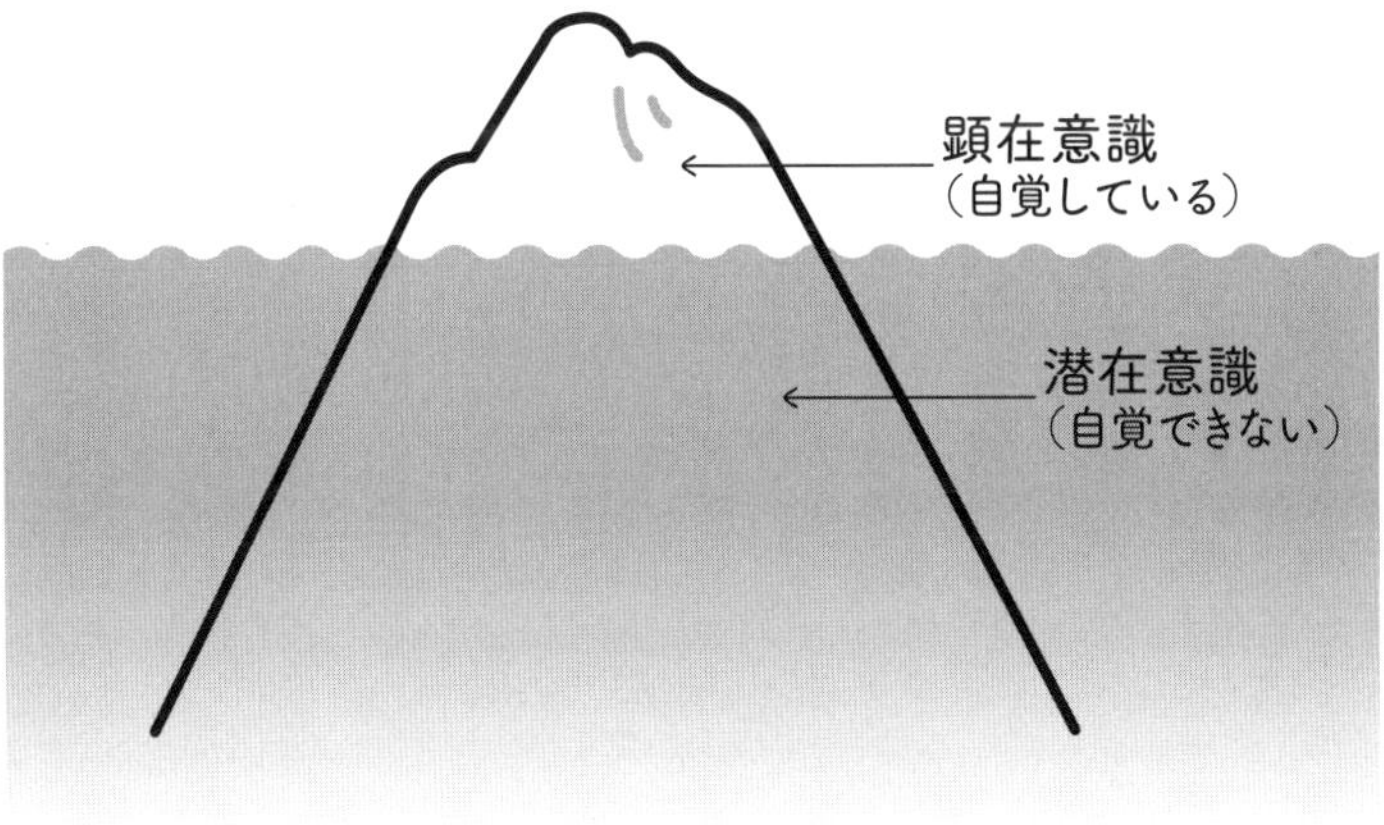

けじゃ。

ハ　ホントですかね……。まあ、実践して確かめてみようと思います。それにしても、「わたしは、今、気づきを得ています」ってわたしが言うんですか？　なんだかピンと来ない言葉です。

師　おおっ！　それは大切なところじゃ。自分の言いやすい言葉やピンと来る表現に作り変えたほうがよいぞ。これから毎日、繰り返し唱えるんじゃからな。

ハ　ま、毎日ですか！

師　**毎日言うと、それだけ早く潜在意識にしみ込む**のじゃ！

ハ　では自分流に作り変えてみますね。……こんなのはどうでしょう。「わたしは早く気づけるようになりたい」

師　ふぉふぉふぉふぉ！　早速やらかしたの！　**アファメーションに「願望」の形を入れると、その願いはかなわない**ぞ。

ハ　ええっ？　どうしてですか？

師 アファメーションは潜在意識に書き込むための道具じゃ。アファメーションを願望の形で唱えると、願望の形のままで潜在意識に書き込まれてしまうぞ。

ハ それだといけないいんですか？

師 つまり、「いつの日か、気づけるようになりたい」と宣言すると、「今は気づけていない」というネガティブな暗示を潜在意識に書き込んでしまう。そこで実現するのは〝気づけていない自分〟じゃな。つまり、〝気づけるようになりたいといつまでも願い続ける自分＝願望が実現していない自分〟じゃ。

ハ ははあ、なるほど！　だからすでに実現した形にするんですね？

師 そのとおり！　アファメーションを作るコツにはこんなものがある。

①現在形で作ること
↓今すでにそうしているという形
②肯定形で作ること
↓否定形は使わない
③なるべくわかりやすい言葉で
↓難解な言葉は潜在意識が受け付けない
④実現したらワクワクするような内容にすること
⑤願望の形は使わないこと

ハ　以上をふまえてもう一度作ってみるがええ。

師　師匠！　早すぎてメモできません！　もっとゆっくり！　それにもっと詳しくお願いします！

ハ　①は現在形で作ることじゃ。たとえば「いつか金持ちになるぞ！」と言うと、どうなるか？

師　**裏の意味を考える**のじゃ！　いつか金持ちになると願うとき、おまえの現在はどうなんじゃ？

ハ　今は金持ちではない！

師　そのとおり！　潜在意識には「金持ちではない」と書き込まれてしまう。

ハ　なるほど……。では、②の肯定形とは？

師　潜在意識は否定形だと混乱してしまう。たとえば失敗しないとは〝失敗〟＋〝しない〟という2つの言葉じゃ。そこで潜在意識は混乱する。その結果、最初の具体的なイメージである〝失敗〟のほうが入ってしまう。

だから否定形ではなく肯定形を使うんじゃよ。つまり失敗しないじゃなくて……。

ハ　成功する！

師　そのとおり！　③は、難解な言葉を避けてわかりやすく、じゃ。

ハ　これは②と同じ意味ですね！

師　そのとおり！　だんだんさえてきたのう。小学校5～6年生がわかるくらいの表現がええぞ。

ハ　なるべく簡単にってことですね！　では、④の実現したらワクワクする内容とは？

師　潜在意識が求めるものはワクワクするものじゃ。時としてドキドキの仮面をかぶっているが……。だから、ワクワクするものに対して、アファメーションは非常に効果的に作用する。
問題なのは、自分の願いだと思い込んでいても、実は本心では望んでいないときじゃな。つまり、願いに対してワクワクしないとき。

たとえば、いい大学に入って大企業に就職するぞと思っていても、潜在意識ではミュージシャンになりたいとかベンチャー企業を立ち上げたいなどと思っている場合じゃな。

ハ　なるほど！　そういうときはうまくいかないんですね。

師　いや、目標がかなう場合もある。しかし**それで心から幸せと思えるかどうかが問題**じゃな。

ハ　難しいところですね。

師　⑤はもう大丈夫じゃろう？

ハ　はい。さっき教えていただきました。願望のままで入るから、いつまでもかなわないってことでしたね。

師　よし、では5つのルールにしたがってハルカのオリジナルアファメーションを作ってみい！

ハ　はい！　えーと、原文が「わたしは、今、気づきを得ています」ですよね。気づきを得るという表現はピンと来ないからここを変えて、それで、現在形にして、「わたしは、今、気づいています」……これでどうですか？

師 ①から⑤の注意点に沿って、自分でチェックしてみるんじゃ。

ハ えーと……。

①の現在形はよし。

②の肯定形も否定語は使ってないからいいですね。

③のわかりやすさも、まあ大丈夫でしょう。

④の〝ワクワク〟……。これは、なんだかまだピンと来ませんね。保留とさせてください。⑤は大丈夫でしょう。願望の形にはなっていませんから。

師 ん？ なぜ〝ワクワク〟を保留にしたんじゃ？

ハ えーとですね、それは、思考にいつも気づいていたからと言って、問題が全部解決してワクワクするとは思えないからです。

師 ほう？

ハ たとえば、休日出勤の交代を頼んできたのが今回は先輩だったんです。わたしは自己肯定感が弱いから反射的にOKしちゃいましたけど、その場で気づけていたら、断れたかもしれません。でも、気づけていても断りにくいときがあると思うんです。

師 いい質問じゃ。なかなかするどいところを突いてくるのう。

結論から言えば、常に自分の思考に気づけていれば、断れないときのイヤな感情もいつかは軽くなるんじゃ。

ハ どういうことですか？

師 「なぜ断れないか」とか「なぜイヤな気分になるのか」といった大元の理由についての洞察が得られて、こだわりからの解放が起こるからじゃ。

ハ なるほど……。洞察が得られれば、本当にこだわりから解放されるんですか？

師 たとえば、何度も何度も思考に気づくうちに、「あれ？　ひょっとすると、引き受けないと嫌われるかもと思っていたけど、そうとは限らないぞ」という洞察やひらめきが湧いてくることがある。

そうすると、自然にイヤなことはハッキリと断れるようになるわけじゃ。

ハ うーん。それでも上司の業務命令とか、立場上断れないこともありますよね。

師　**断る・断らないの二者択一にこだわると答えは出てこない**だろうな。
そういうときにも自由自在に生きられる方法がある。それもあとで、ハルカ用にもう少し段階を踏んでやさしく指導するつもりじゃ。また、これからそのためによりすぐった7つの神アファメーションを特別に教えてしんぜよう！

ハ　楽しみです！

神アファメーション①

わたしは、今、気づいています！

師　では、第一のアファメーションを、ここで高らかに宣言するんじゃ。ハルカが作った最初のアファメーションは？

ハ　ええと……。「わたしは、今、気づいています」

師　もう1回！　もっと高らかに！　力強く！

ハ　「わたしは、今、気づいています！」
ああっ！　なんか気分が乗ってきましたよ。本当に「今、気づいている」とい

私は今気づいてます
うむ

う気分になってきました。それに、いい気分です。

師 「これからもがんばるぞ」とモチベーションが湧いてきました！

ハ それを〝ワクワク〟というのではないか？

師 なるほど〜！　そうですね。

ところで、このアファメーションって、いつ宣言すればいいんですか？

師 **思い出したときに、いつでもやること。**

1日1回よりも2回、3回と多ければ多いほどよいぞ。

ただし、念仏や呪文のように、無自覚に唱えてはいかん。

1回ずつ、心を込めて真剣に唱えるんじゃ。

ハ 無自覚に唱えるといけないんですか？

師 そう。後悔、不安、うらみなどのネガティブ言葉を何度も繰り返し考えるよりはマシだが、本来の目的である〝気づき〟からはほど遠い。

ボーッとしながら「気づいています」などと言っても説得力がまったくないから、潜在意識も「顕在意識のやつ、本気じゃないみたいだな」と本気とは受け取ってくれんぞ。

それに**マインドレスにポジティブなことを言っていても、心の中でネガティブなことを考えていたら、効果はなくなってしまう。**

ハ　あっ！　なるほど！

師　毎日決まった時間やタイミングで唱えるのもいいぞ。たとえば、朝起きたときに布団から出る前に唱えたり、寝る前などに日課にしてしまうのがオススメじゃ。だが、**もっとも効果があるのは、ゆううつな気分に気づいたとき**じゃろう。

ハ　それはどうしてですか？

師　そもそも、何が原因でゆううつな気分になるんだったかのう？

ハ　えーと、無自覚に後悔、不安、うらみなどのネガティブな思考をしているときでした。

師　そういうときこそチャンスじゃ！　マイナスを一気にプラスに転じることができる。ゆううつな気分に気づけたら小躍りして喜んでもいいぐらいじゃ。なにせ楽園の門がすぐそこにあることに気づけたのだからのう。

ハ　楽園とはまた大げさな！

師　ハルカは、楽園や地獄がこの世とは別の、どこか遠いところにあると思っておるのじゃろう？　そうではない。

地獄とは、無自覚に後悔、不安、うらみなどのネガティブ思考にとらわれて、ネガティブ感情にひたりきってしまうことじゃ。

マインドフルネスで気づきを得て、ネガティブ感情から解放され幸福感を感じているとき、それを「楽園」という。つまり近くにあるんじゃよ。

ハ　楽園ですか。いいなあ……。わたしもいつかそうなりたいなあ。

師　これこれ、ハルカよ。願望の形で語るとどうなるんじゃった？

ハ　あっ！　そうか！　願いがかなわなくなるんでした！

師　わかっていればよろしい。では、「今、ここ」に生きるうえで、さらに役に立つテクニックを教えてしんぜよう。

何のトラブルもなく心が穏やかなときに、愛を感じ、感謝して、自分を愛し、愛にあふれ、そしてワクワクしていることは比較的たやすいことである。

ハ はあ。

師 だが、トラブルが発生したとなると話は別じゃな。あっというまに気が動転して〝観ている自分〟は雲散《うんさん》霧消《むしょう》してしまうんじゃ。

マインドフルネスを最速実践できるアファメーション

ハ 〝観ている自分〟とは何ですか？

師 「自分の思考をじっと観察しているもう1人の自分」じゃ。自分の思考に埋没しているときに、ふと立ち返る冷静な自分じゃ。
イチローが2009年のワールドベースボールクラシックで心の中で自分を実況中継した話を知っているか？　これでイチローは冷静になれ、ヒットを飛ばすことができた。
イチロー自身はバッターボックスにいたのだが、もう1人、冷静にこれを観察して実況中継しているイチローもまた、イチローの中にいたのじゃな。

ハ 冷静に観察しているもう1人の自分？

師 そう。「自分自身が置かれた状況、自分自身の思考、感情を冷静に観察している自分」と、「観察されている自分」の2人がいるのじゃ。
前者を **〝観ている自分〟** と呼んでみよう。そして後者の自分はあでもない、こうでもないとクヨクヨと考えている自分じゃ。これを **〝観られている自分〟** と呼ぶことにする。

ハ 自分の中に〝観ている自分〟と〝観られている自分〟という2人の自分がいるんですね。

師 そのとおり。今回の講義はハルカが「『今、ここ』の思考に気づくこと」＝「観ている自分を作ること」からはじまった。そしてこの講義の終点は **〝観ている自分〟を少しでも長い時間、しかも必要なときに保ち続けること** なんじゃよ。

ハ なるほど。

師 しかし、〝観ている自分〟にはめったに会えないし、たまに会えたとしても油断をするとすぐに消えてしまうのじゃ。

ハ　ち、ちょっと待ってくださいよ。〝観ている自分〟って、やっぱり自分の中の一部分なんでしょ？　会えるとか会えないとかも変な表現だし、そもそも普段はどこにいるんですか？

師　眠っているようなものじゃな。ところで、ハルカは今、ちゃんと自分の思考に気づいておるか？

ハ　え？　大丈夫です。

師　この〝観ている自分〟を確立できた状態がマインドフルネスじゃ。

そして**トラブルや不運に見舞われたときにもっとも有効な対策は、マインドフルネスの状態にとどまりながら、「今、ここ」でできることに集中すること**なんじゃよ。

どんなに大きなトラブルに見えても、緊張して頭に血が上っていても、冷静な自分をとりもどせるんじゃ。

イチローはそうして決勝打を打つことができた。もしもあのとき、彼が重圧に負けて我を忘れてしまっていたら、別の結果になっていたであろうな。

ハ　なるほど……。でも、いつも自分の思考に気づいているというのは、すごく難しいんでしょう?

師　今すぐは難しくても、そうしたいと願い、努力をすることで、徐々に気づきの能力はアップしてくる。

ハ　努力って、具体的にはどうすればいいんでしょうか。

師　まずはアファメーション。そして実践じゃ。

ハ　今日の内容で言うと「わたしは、今、気づいています」ですか?

師　そうじゃ。いついかなるときも、「今、ここ」での自分の思考や感情に気づいていること、そして、「今、ここ」に生き、「今、ここ」でできることに集中することが幸せになる鍵じゃ。
トラブルや苦難に襲われたときに、そのほかのアファメーションを思い出せるかどうかも、結局のところ「今、ここ」にもどって冷静になれるかどうかにかかっておる。

ハ　たしかにそうですね！

師　つまり**それができれば、難題はほとんど解決したも同然**じゃ。もう、難題ではなく、自らのステップアップのための課題に変容したのじゃ。それこそがマインドフルネスの効果なんじゃ。

ハ　なるほどねえ。ところで、アファメーションと実践とおっしゃいましたけど、実践とは何をすれば？

師　実際に実生活の中で、気づきを得る体験を何度もして、難題が課題に変容するのを体験することじゃ。

そして課題から逃げずに立ち向かうこと。

その実践のためのヒントをいくつか提示しておこう。

まずは、イヤな感情に注目するんじゃ。

こうすればうまくいく！ マインドフルネスのヒント

①イヤな感情がチャンス

師 イヤな気分になっているときは、必ずそこに、ネガティブなことを考えてネガティブ感情にひたっている自分がいる。それが〝観ている自分〟が不在であった証拠じゃ。だから、イヤな感情に気づいたらものすごいチャンスだと言える。

ハ チャンス？

師 そう。チャンス！ ふと、自分がイヤな気分であることに気づけたとしよう。その瞬間、ハルカは地獄を抜け出す扉を見つけたことになるんじゃ。こういうありがたいチャンスは絶対に逃さないように！ それと、ため息とか独り言もチャンスじゃ。

ハ ため息が出るってことは、疲れていたり悩みがあるからですね。

師 そうじゃ。無自覚なままでネガティブな思考や感情に流されっぱなしになっていると、息が詰まってくる。それで息抜きのために、潜在意識がため息をつかせるんじゃな。独り言も同じ。**ため息や独り言が出た瞬間に、それに気づければ、マインドフルネスになるチャンスがある。**

ハ そうですね。でもそれって、思考と感情だけでは気づけなかったということですね。

師 そうじゃ。しかし、そのうちにため息が出る前に〝観ている自分〟をとりもどせるようになる。そして何度も気づいているうちに、ネガティブなことを考えはじめた瞬間にマインドフルネスであり続けられるようになる。

ハ なるべく早い段階で、気づきをとりもどすほうがいいわけですね。

（2）自分の陥りやすいネガティブパターンを知っておく

師　ほかにも、あらかじめ自分が陥りやすいネガティブパターンを知っておくと、役に立つぞ。

たとえばハルカの場合であれば、**「断るのが苦手」**じゃな。きっとハルカは、断ることに対して罪悪感を持っているんじゃろうな。

ハ　どうしてわたしはそんな罪悪感を持っているんでしょう？

師　過去に頼みを断ってイヤな目にあったことがあるのではないか？　マインドフルネスの中で、洞察とともにその体験を思い出すかもしれんぞ。

そういうときは、そのときのイヤな気持ちまで、ワンセットになって記憶の底から湧き出てくるかもしれん。「ああ、この体験がトラウマになって、今の断れない自分がいるんだなあ」とわかるんじゃ。

ハ　するとどうなるんですか？

師　そこで**ネガティブ感情に巻き込まれずにマインドフルネスであり続けて、**

〝観ている自分〟を確立しておけば、その過去のつらいトラウマまでも含めて、まとめて解消されてしまう可能性があるんじゃ。

ハ　ホントですか！　すごいですね。

自分のパターンを知っておくのはどんな効果があるんでしょう。

師　あらかじめ知っておくと、たとえば頼まれて断りづらい状況があるたびに、「ああ、またこのパターンだ」と気づきやすくなる。つまり、素早く簡単にマインドフルネスに入れるようになるのじゃ。

ハ　なるほど！　ほかにはどんなパターンがあるんですか？

師　そうじゃなあ。いくつかピックアップしてみよう。

ハルカがよく遭遇する困ったことは何かと聞かれたら、どんなことを思い浮かべるかの？

ハ　う〜ん、先週の出来事ですけど、赤信号の横断歩道で待ってたんです。車も1台も来なかったので渡っちゃおうかなって思ったんです。でも、ふと見ると反対側に年配のご婦人が待っていらして、なんとなく躊躇《ちゅうちょ》しちゃったんです。

そのときに「ああ、人の目を気にしている」と思いました。こういうのも関係あります？

師 そのご婦人にどう思われそうだと思ったんじゃ？

ハ 渡ったら非難されそうな気がしました。ズルして渡るのはよくありませんけど、わたしはそのときに「自由じゃないな」って思いました。

師 なるほど。やはり**〔人の目を気にする〕**という傾向がありそうじゃな。
それはやはり、ハルカの自己肯定感が弱いことと大きく関わっておる。ハルカは**他人の承認を得ることが大きな動機付けとなっているから、他人に非難されそうなことには敏感になっておる**のじゃろう。
誰の潜在意識の中にでも〔人の目を気にする〕は存在する。しかしハルカの場合は特に強いのじゃろうな。
大切なことは、いろいろな状況で〔人の目を気にする〕のパターンが出たときに、「ああ、このパターンね。〔人の目を気にする〕ですね。観させていただきましたよ」と、なるべく早い段階で、素早くラベルをつけられるかじゃ。

ハ 忘れないうちに手帳に書いておきます。〔人の目を気にする〕と〔断るのが苦手〕ですね。師匠、もっと教えてください！

師 では、ほかのパターンも見ておこう。

〔自分の意見を言うな〕

「自分の意見をハッキリ言うことは、批判されたり、他人と対立したりする可能性があるから危険」だと思い込んでいる。

〔人に同意せよ〕

「反対したら争うことになるぞ！」という思い込みじゃ。これは自分の意見を言わないのと同じである。

〔人の役に立て〕

「人の役に立たないと生きている価値がない」という書き込みが潜在意識にある。

〔人に認められるようがんばれ〕

「富や財産、資格やいい職業、理想的なパートナー、健康や美貌などを手に入れて称賛されたいと願う」のじゃ。そういった〝売り〟がないと認めてもらえないという書き込みが潜在意識にある。

〔謙遜せよ〕

〔大げさに喜んではいけない〕

〔目立つな!〕

この3つは似ておる。自分の功績を誇らず、控えめにしておけば、嫌われることはないからのう。

〔人の頼みは聞け〕

おっと、これは〔断るのが苦手〕と一緒じゃな。

〔人の不機嫌は自分のせいかも〕

身近な人が不機嫌だとなぜか罪悪感を感じてしまう場合は、これを疑うといいぞ。相手は単に歯が痛いとか金がなくて困っているだけで、ハルカとは関係がないかもしれん。

〔弱い者にいばる〕

立場が弱い人に対していばったりする傾向はないか？　普段はそうでもないのに、レストランやお店の店員さんに対しては強く言うことができたりするような場合じゃ。苦情を言ったりするときも同じだぞ。

以上のようなパターンを知っておくとええぞ。

ハ　あとで気づいたときでも有効なんですか？

師　もちろんじゃ。その時点では気づけなくても、「なぜかな？」と心にとめておけばよい。そうすればあとから「ああ、そうか自分は人に嫌われたくないから断れないパターンが多いんだ」などと気づくこともある。
何度か繰り返しパターンが発生すると、「来た！　このパターンだ」と気づきやすくなる。だから、あとからでも自己分析することは大切じゃ。ただし……。

ハ　ただし？

師　後悔や自己嫌悪に陥らぬようにな。**後悔を反省に、そして自己嫌悪を自己分析にするにはマインドフルネスが必要**じゃ。

(3) 心の実況中継をしてみる

師　すでに挙げたが、心の実況中継は、自己を客観視するのにとても有効な技じゃ。

ハ　えっと、具体的にはどうするんでしたっけ？

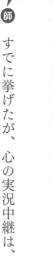

師 ハルカは友人から休日出勤を頼まれました。
本音では断りたいと考えました。おぉーっとぉ！　でも、断ると悪いかな？
気まずくなりそうだな？　と迷ってしまいました！
彼女のいつもの〔断るのが苦手〕が出てしまったようです。
とりあえず〔断るのが苦手〕のラベルをつけておこうと考えました。
それでいったい彼女はどうするでしょう？

ハ ホントの実況中継みたいですね。そこまでやるんですか？

師 ハルカ用にわかりやすいように、わざと大げさにしたんじゃよ。もちろん、もっと簡単に「彼女は断りにくいと感じた」ぐらいでもええが、ここまで脚色するゆとりがあれば、もうこのテーマは卒業じゃな。

ハ テーマ？　卒業？

師 ハルカが成長するためには、いろいろな課題をクリアする必要があるのじゃ。
その**課題をクリアするまでは、似たようなトラブルが何度も発生する。**
逃げても逃げても、その課題はどこまでも追いかけてくるんじゃよ。

ハ　逃げてもしょうがないってことですか！

師　そのとおり！

しかしいったんその課題をクリアすれば、その課題に関するトラブルは、不思議なことに発生しなくなる。もしくは発生してもそこまで気にならなくなるんじゃ。

ハ　まあ、結果としては同じこと。つまりは、もうその課題は必要がなくなって卒業したというわけじゃな。

なるほど。ところで、実況のときは〝ハルカ〟とか〝彼女〟とか言っていましたけど、〝わたし〟とは言わないわけですね？

師　ほほう、気づいたか。そのとおりじゃ。主語を三人称とすることで、客観性がよりアップする。

ついでに言うと、時制も現在形より過去形にしたほうが現在の自分とは切り離された客観的事実という雰囲気をかもし出せるのでさらにお得じゃよ。

ハ　なるほど。「三人称で、過去形」ですね。なんだか英文法みたいですね。

（4）額に軽くふれる

師　次はちょっと変わった手法を紹介しよう。自分のおでこをさわってみい。眉毛と髪の生え際の間あたりに、ちょっとふくらんだ部分があるのがわかるか？

ハ　はい。たしかにふくらんだところがありますね。

師　そこに軽くふれてみるんじゃ。「軽く」とは、皮膚にはさわっているが、骨には圧力がかからない程度の力、つまりほんの軽いタッチでさわるんじゃ。ハルカが**何かストレスを感じたときには、そこに軽く手をふれて意識を集中してみる**とええぞ。

ハ　どんな効果があるんです？

師　そこに軽くふれることでリラックスできるんじゃ。ただし、強く圧迫して皮膚の血流を妨げると逆効果になるから要注意じゃ。

ハ　それとマインドフルネスは、どう関係してるんでしょう。

師　リラックスすることで、「今、ここ」に意識をもどす効果があるのじゃ。

せっかくマインドフルネスに入っていても、悩みが大きいとつい観ている自分が吹っ飛んでしまい、いつのまにか、ただクヨクヨしているだけの状態がよくあるからのう。そういうことを防ぐための補助的なテクニックじゃな。

ハ　なぜ額にさわるとリラックスできるんですか？

師　そこには心を落ち着かせる効果があるツボがあるんじゃよ。

ハ　なるほど。そういえば困ったときは無意識におでこに手が行くかも……。

師　今度から意識的にさわってみるんじゃ。

（5）「ありがとう」は魔法の言葉

師 次は「感謝」！　ハルカもこの講義をすべて終えるころには、幸運にも難題の真っ最中に気づきをとりもどして、「今、ここ」にもどることができるじゃろう。難題は課題に変貌し、今できることに集中することで課題もクリアじゃ。で、ハルカが大きく成長できたとしよう。そこで感謝じゃ。

ハ 誰に感謝するんですか？

師 感謝する相手は神様でも仏様でもいいし、大いなる存在でもよい。宗教が嫌いなら、自分自身の気づきをもたらしてくれた潜在意識でもいい。「クリアするためにわざわざ課題を用意してくれてありがとうございます」、さらに「よくぞこれが課題だと気づかせてくれました」と感謝するんじゃ。

ハ それはいったいどんな効果があるんでしょうか。

師 神様がお喜びになり、「次も面倒を見てやろう」と思ってくださるかもしれんぞ。

ハ ホ、ホントですか？

師 ふぉ、ふぉ。感謝がいかにハルカに幸福感をもたらすかは、3時限目で詳しく説明する。**感謝できるチャンスはひとつも逃さず感謝しておくほうがお得**じゃよ。

(6) 今までの自分とはちがうことをする

師 左の頬も出す、という手もある。

ハ 何ですか？　その「左の頬も出す」とは。

師 おや？　有名な聖書の言葉じゃよ。ハルカは知らんのか？

ハ いや、もちろん知っていますよ。「右の頬を打たれたら、左の頬も出しなさい」でしょ？

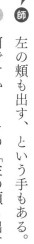

師 でも、それがマインドフルネスとどう関係するのかが疑問なんです。

師 課題はたいてい突然訪れる。不意をつかれるからリアルタイムに気づくことができずに、課題を逃して難題にしてしまうんじゃ。だから、あらかじめ身構えて、こちらから課題を解きに行くのじゃよ。

ハ ええっ！　まさか……わざわざ叩いてくださいって頼みに行くんですか？

師 頬を叩かれるのは、もののたとえじゃ。ハルカが日ごろ苦手にしていることを、わざと引き受けたり、あえて直面してみること。たとえば、ハルカは人前で挨拶をしたり話をしたりするのは苦手じゃったの？

ハ はい。口の中はカラカラになるし、膝《ひざ》はガクガク震えるし、それはもう、緊張してしまいます。

師 ま、まさか、師匠はわたしに「人前で挨拶をしろ」なんて言うんじゃないでしょうね？

師 その〝まさか〟じゃよ。ハルカは突然指名されたら、ドギマギして思考だの感情だのを観ているゆとりは持てないじゃろう？

ハ はい。

師 だが、あらかじめ今からそういう場に立たされるとわかっていたら？　思考と感情に気づきながら話してみる練習として、わざわざ自分の意思でその場に臨んだとしたら？　少しは心の準備ができると思わんか？

ハ は、はあ。でも、そんなことをするのに何の意味が……。

師 今までやったことのないこと、つまり自己肯定感が弱いがゆえに恐れていることがあるならば、自己肯定感が強くなれば当然そういうこともできるようになる。**逆に今までできなかったことにチャレンジして成功できれば、その分だけ自己肯定感は強くなっていく**のじゃ。
「自分はできる！」「自分は強い！」と言語でアファメーションをするよりも、実際にやってみてできることを確認できればもっと効果的じゃ。
これを**行動のアファメーション**とも呼ぶ。
ただし、いきなり大きいことに挑戦して失敗すれば、失敗体験を積み重ねることで逆に自己肯定感を弱めてしまう危険性もあるじゃろう。

だから**「やろうとすれば必ずできるけど、心理的抵抗があり、していなかったもの」を見つけてチャレンジするといい。**

やろうと思えばやれるものだから、「やろうと思ったけど気後れしてできなかった」という言い訳や逃げを防ぐ意味もある。

そのためには、自分のできないことをたくさん挙げてみて、怖さのレベルを0点→絶対できる、100点→（現時点では）絶対無理！というように、100点満点で点数をつけてみるとよいぞ。そして、10点くらいのものからチャレンジしてみるのじゃ。

これは、**系統《けいとう》的《てき》脱感《だつかん》作法《さほう》といって、精神科などで行う行動療法のひとつ**じゃ。

ハ　へー！

師　できる範囲で、少しずつでいいぞ。人前で話すことがハードルが高いのであれば、できそうなところまでハードルを下げたらええ。

たとえば、そうじゃなあ。友達に小さな頼みごとをしてみるとか、家族で外食をするときに自分が行きたいところを主張してみるとか、そういう普段はしにくかった、ちょっとしたことをあえてしてみるんじゃよ。

ハ なるほど。それならできそうです！

(7) 呼吸に気づく

師 次は呼吸じゃ。まず、深呼吸してみなさい。そのときに、胸がふくらんだり縮んだりするのを感じてみぃ。

ハ ス〜〜、ハ〜〜。

師 あっ、ちょっと待て！　吸うよりも吐くほうをゆっくりと。

ハ ス〜〜、ハ〜〜〜〜〜〜、ス〜〜、ハ〜〜〜〜〜〜、こうですか？

師 胸の動きは感じられたか？

普段、呼吸は無意識に行っている。それを意識的にゆっくりと行い、そして体の感覚に気づくのは、「今ここ」にとどまるためのトレーニングと

して、とても有効なんじゃ。

ハ なるほど、それで呼吸ですか？ そういえばヨガでも意識的に呼吸をするトレーニングがありますね。

師 そう。呼吸法に限らずヨガのポーズを修行するときも、体の動きや姿勢、そのとき刺激を受けている筋肉などに意識を向けることが大切じゃ。そうすることで必然的に「今、ここに生きる」という修行になっておるのだ。

ハ では、ヨガで幸せになれるんですか？

師 「今、ここ」という感覚を養うには有効じゃ。ほかにも気功やストレッチ、ピラティスなどのゆっくりとした動きを、意識的に行うのもとてもよい。ただの呼吸ならもっと簡単にできるじゃろう。ただ、深呼吸だと胸やお腹の動きを感じやすいので、初心者にはオススメだぞ。

ハ なるほど、だから深呼吸なんですね。

師 胸の動きに注目して、深呼吸3回で「今、ここ」にもどるんじゃ。

（筆者注：腹式呼吸でお腹の動きに注目するほうが合っている人もいます。お好きなほうをお試しく

ださい）

ハ　スーハー、スーハー、スーハー。

師　とりあえず深呼吸してみました。でも深呼吸をしなくてもマインドフルネスになれると理想なんですよね？

ハ　ハルカよ。この講義が終わるころにはきっとそうなっておるじゃろう！

師　それは楽しみです！

ハ　今日はここまでとしよう。さて、次回までの宿題を出すぞ！
自分の思考と感情にラベルをつけるんじゃ。ネガティブな思考や感情には特に注意するように。

ハ　え！　大人なのに宿題ですか……。まあ、計算ドリルとかじゃないし、とりあえずやってみます！

（筆者注：「今、ここ」での思考と感情に気づいておくことは、この講義すべての基本になります。時間がないときでも、できるだけ毎日、少なくとも1番のアファメーションだけは唱えてください）

とりあえずやってみよう

□ネガティブ思考にラベルをつけて実況中継してみる

□神アファメーション①「わたしは、今、気づいています」と唱えてみる

【1時限目】のまとめ

気づき＝マインドフルネスがすべての基本

・自己肯定感が弱いと、ネガティブ思考やネガティブ感情になりがち。
・マインドフルネスで自分のネガティブ思考に気づいて手放そう。
・手放せたら、夢と目標を達成する神アファメーションで自己肯定感を強化しよう。

【2時限目】

トラブルや不運はわたしが変わる種

イヤな出来事はなぜ起きたのか？

ハ　こんにちは！　師匠。

師　おう、ハルカか。よく来たのう。前回出した宿題はやってきたか？

ハ　はい。マインドフルネスを強化するために、ネガティブ思考にラベルをつけるんでしたね。

師　ちゃんとできたか？

ハ　友人に待たされているときイライラしているのに気づいて、〝イライラ〟のラベルを自分につけてみました。そしたら、イライラが確かに少なくなったようで、うれしかったです。
でも、洞察だの、こだわりからの解放だのというのは、まだピンと来なくって。

師　一挙にそこまで行かなくても、ステップ・バイ・ステップでいいぞ。まずは思考や感情に気づくことを習慣にするだけでも上出来じゃ。

ハ　それと、アファメーションは毎日朝起きたときと寝る前、それに思い出したときに言うようにしています。

師　それはすばらしい！

ハ　ところで質問があるんです。わたしは今まで、ネガティブなことを考えないのがポジティブ思考かと思っていたんです。でも、ネガティブ思考に気づくことが大切なんですよね？
それでポジティブ思考ってどんなものなのかが、よくわからなくなってしまいました。師匠、解説してくれませんか？

師　ええじゃろう。今日はちょうどその話をするつもりじゃった。
人が生きていくうえでは、いろいろなトラブルやイヤなことがあるはずじゃ。

ハ　ええ。イライラやモヤモヤ、時にはもう自分の手に負えないと絶望的な気分に陥ってしまうトラブルや不運、不調もあります。

師　ここで衝撃的な事実を告げておくぞ。びっくりして腰を抜かさぬように覚悟して聞くがええ。

ハルカの**身のまわりに起こった出来事は、ポジティブなことも、一見ネガティブに思えることも、すべて自分自身が招き寄せたこと**である！

ハ　ええっ！　なんですって？　そんなバカな！

師　ハルカが直面しているトラブルや不調などは、ハルカの潜在意識が、自らの学びのためにわざわざ引き起こしたものなのじゃ。つまりは課題＝「解決しなければいけない問題」である。

ハルカ自身がそこから何を学ぶのかが問われているのであって、基本的にはハルカの手に負えない問題などは発生しないはずなんじゃ。

ハ　そ、そうですか？　とてもわたしにはムリだってことも起こっていますよ！

師　課題が発生したときにすぐ解決しないから問題が大きくなってしまうんじゃ。先送りせずすぐに対処しておけば、そんなことにはならん。

ハ　うーん、問題を先送りしたら大きくなるのはわかりますけど……。

でも、トラブルをわたしの潜在意識が引き起こしたとか、呼び寄せたというのはどうでしょう？　どうもスピリチュアルっぽい話ですよ！

師 では仮に、ハルカの潜在意識がハルカの学びのためにトラブルを引き起こしたという考えを、いったん受け入れてみるんじゃ。

ハ はあ、まだ、納得はできませんけど、師匠がそこまで言うんだったらいいでしょう！　仮に受け入れてみます。それでどうなるんでしょう？

師 そこを受け入れると、すばらしいことが起こる。

そのトラブルはハルカの潜在意識が呼び寄せたものである。つまり、トラブルの中から何かハルカは得るものがあるということだ。

ハ ま、まあ、そうですね。あくまでも仮の話ですけどね。

師 しかも、自分自身の潜在意識が呼び寄せたのだから、たとえどんなことであっても解決可能なはずじゃな。

ハ え？　なぜですか？

師 ハルカの潜在意識はまぬけなハルカ自身（顕在意識）よりも賢くタイミングを計って、必要なときに必要なものを引き寄せるからじゃ。

ハ うふふ、今日は〝まぬけ〟ぐらいではひっかかりませんよ。

師 ふぉ、ふぉ、ふぉ！　ハルカも気づけるようになったのう！　気づきの体験をつんだ効果かのう。すばらしい。

ハ いやあ、それほどでも……。

トラブルはわたしへのメッセージ

師 さて、本題にもどるぞ。ハルカの賢い潜在意識は、ちょうどいい学びのタイミングで、ちょうどいい題材をトラブルという形で引き寄せてくる。そしてその中には必ずハルカの成長の糧が入っている。そこまでは大丈夫かの？

ハ はい。

師 そこでこう考える。「はて、この課題を通じていったいどんなポジティブな要素を見出すことができるんだ？」とな。気づいたか？　もはやトラブルではなく、課題に変わっておるんじゃ。

ハ 言い換えても、トラブルはトラブルでしょう？

師　気の持ちようじゃ。「自分は必ずそのポジティブな面を見つけてみせるぞ！」と決意して、まわりを見回してみい！　すると、ポジティブな面が忽然《こつぜん》と見えてくるんじゃ。

ハ　なるほど……。

師　そうして見出したポジティブな面が、ハルカの潜在意識が求めていた正解かどうかはわからん。しかし、少なくともポジティブな面を見つける意欲は湧くじゃろう？　それがポジティブ思考の第一段階なんじゃ。

ハ　ポジティブ思考の第一段階！　ということは第二段階もあるんですか？

師　気づきの大切さを解説したときに少しふれたはずじゃ。
思考や感情に気づいておけば、イヤな気持ちが小さくなる効果のほかに、なぜイヤなのかの洞察やこだわりからの解放が得られると。**そんな中で、自然と湧いてくる「洞察」がポジティブ思考の進化した形**なんじゃ。

ハ　洞察って、たとえばどんな具合に洞察が起こるんでしょうか。

師　たとえばハルカが今日報告した課題の事例は、「待たされているときのイライラにラベルをつけたらイライラが少しおさまった」じゃな？

ハ　はい。そうです。

師　これを何度かうまく体験することができると、そのうちにこんな洞察がひらめくかもしれん。

「待たされてイライラするのは、自分が軽んじられていると思っていたからだ」とか「自分は人を待たせることはできない。嫌われたくないからだ」とかじゃな。その洞察が正しければ、次回からはイライラの度合いがぐんと軽くなるぞい。

ハ　えー、ホントですか……。

師　ホントじゃ。では、もうひとつ例を挙げる。ハルカが苦手なスピーチに逃げずに何度も挑戦し、なおかつそのときの緊張感や震えといった現象にラベルをつけていく。

するると、「あっ、そうか！　自分は下手なスピーチをしてみんなにバカにされるのがイヤだったのか」と急に悟ったりする。

ハ　師匠！　バカにされるのがイヤなのは当たり前じゃないですか。そんなの悟ら

フゥ…
えーと その…
あっ そうか
イヤだったのか

なくても最初からわかってますって。

師 しかし、それは頭で考えた「わかっていること」じゃろう。頭でそうだろうと考えていることと、腹の底からわかって腑に落ちたことはちがう。**本当に腑に落ちたことは本人の潜在意識から出てきたことで、出てきた瞬間に「あっ、そうか！」と納得できる。**さらにそのあとで同様の体験をしても、苦痛の度合いが格段に少なくなる。だから、洞察を得たときには自分で「これだ！」とわかるぞ。

ハ へ〜。

師 **真の洞察が得られるまでは、「この体験からどんなポジティブな要素が探せるか？」とちょっと疑問に思っておく**くらいでええ。そうすればいつのまにか潜在意識が正しい答えを思いついてくれる。

ハ でも、何か思いついたとしても、それが正しいかどうかわからないんでしょう？　まちがっててもいいんですか？

師 思いつきは、「自転車に乗れるようになるまでの補助輪のようなもの」だと考えたらええ。

ハ　え？　補助輪ですか？

師　正しい洞察が湧いて出てくるのがスイスイ自転車に乗れる段階、そして、頭で考えて疑問符をつけておくのが補助輪付きの段階じゃ。補助輪無しで練習して転んでしまうとケガばかりで元気が出ないし、余計ネガティブになって坂道を転がり落ちるように地獄に落ちていくばかりじゃ。たとえ補助輪付きだとしても、ネガティブ思考よりはずっといいんじゃよ。

ハ　なるほどねえ。

師　ここで、ポジティブ思考に関して別の角度から光をあてる、さらにすばらしい視点を、ハルカに伝授しよう。

ハ　どんな視点ですか？

師　ハルカは守られておる！

わたしたちは守られている！

ハ　は？　守られている？　誰にですか？

師　この宇宙全体のシステムがハルカを守っておる。

ハ　またまたぁ！　師匠の話はすぐに大げさになっちゃうんだから。宇宙なんて言い出したら、スピリチュアルかぶれのへんな爺さんと思われてしまいますよ。

師　なっ！　へんな爺さんとは何じゃ！

ハ　ふふふ、師匠、その怒りにはちゃんと気づいていましたか？

師　むむ！　わしとしたことがマインドフルネスが飛んでいってしまった。これは1本とられたのう。

ハ　たまにはやり返さないとね。

師　まあ、それはさておき、ハルカが宇宙を大げさだと思うなら、〝世界全体のシステム〟と言い直してもよい。たとえば、この地球上にある空気や水を考えてみい。空気や水がなければ、ハルカは一秒たりとも生きてはいけないのではないか？

ハ まあ、そう言われれば確かにそうですけどね。でも……それは別にわたしのためにあるわけではなくて、たまたま空気と水があって生物の生存に適した地球という星に生物が進化して、その結果、今ここに、わたしがたまたまいるのではないですか？　百歩譲って誰かのためだとしても、わたしではなく、みんなのためでしょう？

師 たまたま地球という星に偶然、ハルカが生まれたと、そう考えることもできる。または、すべては**ハルカの成長のための舞台装置として用意された場であると考えることもできる**わけじゃ。どっちが得かのう？

ハ えーと、それはまあ、自分の成長のために神様が環境を整えてくれたと考えたほうがゴージャスな感じはしますけど……。でもやっぱり、それは言いすぎなのではないですか？

師 言いすぎでもよいではないか！　大いなる存在がハルカのために50億年もかけ

て用意してくれた舞台の上で、今まさにハルカの潜在意識が必要な学びを引き起こす。なんとぜいたくなことじゃ！

ハ　でも、神様だかなんか知りませんが、本当にわたしを守っていてくれているなら、自分の潜在意識が問題を呼び寄せているとしても、もうちょっと簡単な課題にしてくれたらいいのに！　なんでこんなに苦労したり、イヤな思いをしたりするんです？　神様はわたしにちょっと厳しすぎませんか？

師　ふむふむ。

ハ　それにいつもイヤなことが起きるんじゃないかと、ビクビクしながら生きるんですよ！　ねえ、師匠！　どうなっているんですか！

師　ふぉふぉふぉ！　そう興奮せずともよい。ハルカの手に負えない問題をハルカに押し付けて責任をとらせようなどとは、誰もしとらんよ。

ハルカの**目の前に発生する問題は、たいていちょっと勇気を出して対処すれば乗り越えることができる解決可能なものばかり**じゃ。

ハ　え？　そうなんですか？

起きたことはきっといいことに変わる

師　ハルカに地球温暖化を1人で解決せよだの、消費税をなくせだの、領土問題を解決しろだの、ガンやエイズを撲滅せよと迫ったりするものはおらんな？

ハ　た、確かに。

師　ハルカの身のまわりに起こる問題とは、たとえばイヤな仕事を押し付けられただの、上司がわからず屋だの、夫に腹が立つだの、そういったことじゃろう？

ハ　あっ、いや、夫とはうまくいってますってば！（汗）

師　いずれにせよ、ハルカの問題は自己肯定感が弱いことで発生しているものばかりじゃ。つまり、**現状の課題である自己肯定感の強化に役立つトラブルが起こっているはず**なんじゃ。

もし**本当に無理難題がふりかかっているとしたら、それは問題を先送りしているうちに大きくなってしまったか、もしくは「勇気を出してきち**

んと断れ」とか、逆に「自分のしてほしいことを頼んでみよう」とか、そんな学びの可能性もあるのう。

ハ　ははあ、なるほど。でも……。

師　ハルカは自己主張して批判されるのが怖くて萎縮《いしゅく》しすぎなのじゃ。何でもかんでも引き受けなければ、嫌われてしまって生きてはいけないと恐れているんじゃな。

ハ　あっ、いや、生きていけないとまでは……。

師　もしくは、「もっとがんばって認めてもらわなくてはいけない」と思い込んでいるかじゃな。

どちらにせよ、はやく自己肯定感を強化して自由自在に生きることができるようになることじゃ。そのために発生しているありがたい課題だと思って一つ一つに立ち向かうのがええ。

ハ　そうそう、その〝課題〟という考えについていけないんです。

師　ふぉふぉふぉ。なかなか抵抗するのう。ハルカが**無自覚のままで課題から逃**

げ出そうとすると、課題が大きくなって難題やトラブルになるんじゃ。

ハ　それは、さっきも聞きましたけど……。

師　しかし、その課題を解決したときにハルカは成長できる。だから、わしはあえて言うんじゃ。

ハルカは愛に包まれている、とな。

ハルカの成長のために課題を与えてくれるこの世界は、なんと愛に満ちた世界であろう！

ハ　う〜ん！　それを愛というのですか、なんだかなあ。

最初の一歩を大切にすればいい

師　ただし、そのときに、「これは課題が来たな！」と気づけるかどうかが鍵になるのう。**気づければ「課題」、気づけなければ「難題」になってしまう。**

ハ　なるほど！　だから気づきやマインドフルネスが大切なのですね。

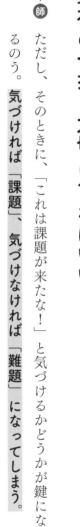

師 そうじゃ。アファメーションの1番が〝気づき〟であるのは伊達《だて》ではない。気づきこそがすべての鍵を握っておるんじゃ。ところでハルカ、最近筋トレをやっとるそうじゃな?

ハ 突然話題が変わりましたね。ええ、ダイエット目的です。せめて体重を落として見栄えだけでもよくしたいと思って。

師 なるほど。筋トレやダイエットも自己肯定感の弱さゆえというわけか。

ハ えへへ。面目ない。

師 筋トレのコツは少し強い負荷をかけて、多少ムリして筋肉の繊維をわざと少し断裂させ、それが回復するときに筋肉が太くなる現象を利用しておる。そのときの痛みが筋肉痛じゃ。

ハ はい。そのとおりです。

師 それと一緒じゃな。ハルカも自分の苦痛から逃げることなく、自己肯定感を強化するために課題に直面し続けること。すると自己肯定感の筋肉が太くなっていくんじゃ。多少の苦しみは筋肉痛のようなものと考えてみてはどうだ?

ハ なるほどねえ。それで、いつかは人間関係のストレスというバーベルも軽々と持ち上げることができるようになるわけですか。なんかうまく説得されちゃったなあ。

師 そういう意味で、ハルカは「愛に包まれている」とも「守られている」とも言うことができるではないか。
ハルカが課題に取り組むための最初の一歩を踏み出すと、全世界がハルカの勇気をたたえて応援してくれる。「おう、この子はやる気を出しているぞ。応援してやろう」とな。

ハ ホントですか！

師 本当じゃ！　そんなありがたいシステムなのに、なんでハルカが取り組むことができないようなムリな課題が来るものか。ただし、最初の一歩は自分で踏み出すしかない。ほかの誰も代わってはくれんぞ。

神アファメーション②

わたしは、今、愛に包まれています

ハ　最初の一歩って？　どうすればいいんですか？

師　そこで2番目のアファメーションの出番じゃ。
「わたしは大いなる愛に包まれている」

ハ　なるほど〜。これもわたし流に作り変えますね。
えーと、「わたしは、今、愛に包まれています」かな？　これでどうです？

師　わたしに聞かず、自分でチェックしてみい。

ハ　はい。えーと、たしか、次の5つでしたね。

①現在形で作ること
②肯定形で作ること
③なるべくわかりやすい言葉で
④実現したらワクワクするような内容にすること

大丈夫です。現在形だし、肯定形だし、わかりやすいし、それに本当に愛に包まれているんだとしたらワクワクします。それに、願望の形でもありませんから。

⑤願望の形は使わないこと

師 では、ここで宣言するんじゃ。

ハ 「わたしは、今、愛に包まれています」……ああっ！　これは‼

師 どうじゃ？

ハ ホントに愛に包まれて、守られているかも！　そんな気持ちになりますね。でも、愛に包まれているのはわたしだけじゃないんですよね。

師 そうじゃ。すべての人間が愛に包まれておる。ただ、気づいている者はほとんどおらん。もったいないではないか！　気づいているのといないのとでは大ちがいじゃ。

ハ **愛に包まれていると自覚していたら、難題が課題に変わる**のでしたね。

師 そのとおりじゃ。一見、トラブルに見える〝成長の機会〟をもれなく生かしきれるかどうか。ハルカも課題を生かしきって、早く幸福になるんじゃぞ。

ハ　はい、わかりました。でもまあ、ここまで見守っていただいているのなら、神様に感謝しないといけませんねえ。

師　ふぉ、ふぉ、ふぉ！　見守ってくれているから感謝とは!!　ちょうどいい！　次回のテーマは感謝としよう。今日はここまで！　宿題はもちろん、ポジティブ思考じゃ。補助輪付きでよいから練習しておくように。

とりあえずやってみよう

□気づいた感情にラベルをつけ、そこにどんなポジティブな要素があるか疑問に思っておく

□神アファメーション②「わたしは、今、愛に包まれています」と唱えてみる

【2時限目】のまとめ

人は愛に包まれている

・人は大いなる存在の愛に包まれ、守られている。だから、自分の手に負えない問題は発生しない。
・マインドフルに（冷静に）気づけば、どんな難題も課題に変えて成長できる。

【3時限目】

すべてに感謝すると新しい人生がはじまる

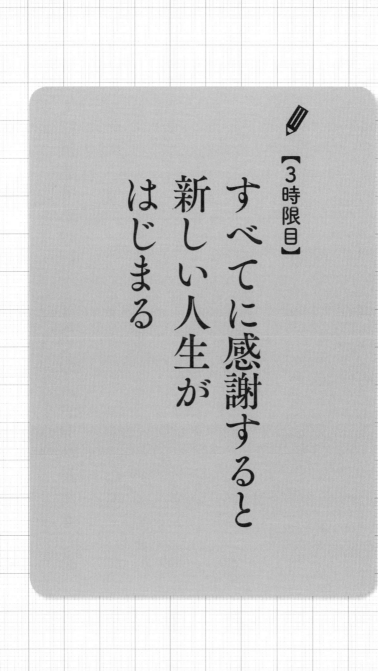

すべてに感謝するのは、今までの人生を卒業するため

ハ　こんにちは、師匠。

師　おう、ハルカ。よく来たのう。前回はポジティブ思考について解説して、その延長線上で壮大な世界観を紹介したんじゃったな。今日まで何か学びがあったか？

ハ　それがあったんですよ！　あのですね！

師　そう興奮せず、まずは茶でも飲みなさい。

ハ　ズズズ～。はあ、落ち着いた。えーとですね、ついさっきのことなんです。ここに来る途中の出来事なんですけど、コンビニに寄ってコーヒーを買おうとしたんです。わたしは、ある特定の銘柄の無香料、無糖コーヒーって決めてるのに、いつもの銘柄が売り切れだったんですよ。

師　ふむふむ。

ハ　別のコンビニに行こうかと思ったんですけど、前回の師匠の課題の話をそこで思い出したんです。
「こんなに清く正しく生きている自分に、そんなネガティブなことは起こらないはずだ！」って。

師　ふぉ、ふぉ、ふぉ！　清く正しくとはのう！

ハ　そ、そんなに笑わなくても！

師　それからどうしたんじゃ？

ハ　神と世界が自分を守っていてくれるはずだ！　そう思い直して、「これはどんな課題なのかな？　ここからどんなポジティブな結果が出るのかなあ」って考えていたんです。
そうしたら、あとからコンビニに入ってきた人が、わき目も振らずにわたしの横まで来て、両手であるカフェオレをむんずと2本もつかんで、一目散にレジに走っていったんですよ。しかも、何の躊躇《ちゅうちょ》もなく！

師　まあ、買うときはそんなもんじゃろ。

ハ　普段なら、ダイエット中だし、甘いカフェオレなんか見向きもしないんですが、気になったのでそのカフェオレを手にしてみたんです。無糖のカフェオレでした。まあ、無糖のカフェオレにもミルクは入ってるし、カロリーは高いんだろうと思って、ちょっと迷ったんですけどね。

師　で、買ったのか？

ハ　このタイミングですよ！　いつもの銘柄が売り切れで、何の躊躇もなく2本も買っていく人を目撃した。自分には何かポジティブなことがあると確信している。まあ、150円ぐらいのことだからと思って試しに買ってみたら、これがとってもおいしくて。また飲みたいと思いました！

売り切れだからと、いつものようにグチを言って別のコンビニに行っていたら、おそらくこのとびっきりのカフェオレとは出会えなかったと思うんですよ。飲食物に限らず、どんなことでも食わず嫌いはいけないなって学ぶことができました。

師　なるほど、なるほど！

ハ　一見、ネガティブな出来事の中に、「きっと何か自分へのメッセージとか、学びとか、ポジティブな要素とかが含まれているにちがいない」と確信していたからこそポジティブな結果が得られたと思うんです。これって、師匠が言っていた補助輪付きのポジティブ思考でいいんでしょう？

師　そうじゃ！

ハ　こんなことがあると、師匠が前回言っていた、「愛されている」とか「守られている」という夢物語も、なんだか本当かもしれないって気がしますよ。

師　決して夢物語などではないぞ。ハルカは常に大いなる存在の愛に包まれておるんじゃ！

ハ　う〜ん。やっぱり神様に感謝しないといけませんね。そうそう、確か、今回のテーマは「感謝」でしたね。

師　そうじゃ。今回のテーマはまさにその感謝じゃ。とても大切なところなので確認しておくが、ハルカは、神様がハルカのために学びの場を用意してくれて、見守ってくれているから感謝すると言っていたな？

ハ はい。

師 すると、もしも神様が何もしてくれなければ感謝はしない？

ハ えっ！ そう言われると、バチが当たりそうで不安になってきました。でも、感謝とは、普通は何かしてもらったり、何かすばらしいプレゼントをもらったり、思いもかけず得をしたりしたときにするものではありませんか？

師 そのとおり。それが普通の感謝じゃな。

だが、前回も言ったとおり、じつはハルカの身のまわりに起こることは、すべてハルカの学びのために用意されたものだとも言える。

前回も言ったようにこの地球の環境もそうだし、ハルカの目の前にあるテーブルもそうじゃ。それがなければ食事をするのにも不便じゃろう。その湯飲みがなければお茶を飲むのも大変だな。まことにありがたいことだと思わぬか？

ハ でも、テーブルはそれが役に立ちそうだから購入したわけで……。

師 **役に立つものだけに自分の都合で感謝するのではなく、目にするもの、耳にするもの、さわるもの、考えること、出会った人、すべてに学びが**

あると考えて感謝するほうがいい、そういうことじゃ。

ハ　すべてに感謝ですか？　それは、いったい何のために？

師　もちろん、ハルカが幸せになるためじゃよ。

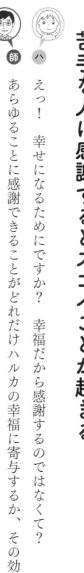

苦手な人に感謝するとスゴイことが起きる

ハ　えっ！　幸せになるためにですか？　幸福だから感謝するのではなくて？

師　あらゆることに感謝できることがどれだけハルカの幸福に寄与するか、その効果ははかりしれないのじゃ。

ハ　えー、なぜですか？

師　**感謝が「あるがままの状態を肯定する」から**だ。

ハ　肯定？　どうして、感謝することがあるがままの状態の肯定につながるんですか？　もうちょっとわかりやすく解説してくださいよ、師匠！

師　不幸になるのは、ネガティブ思考を無自覚で脳内で垂れ流しにするからじゃったな？

ネガティブな思考の中には、当然、現状に対する「これはここが悪い」「あの人はこんなイヤな面がある」「悪いのは自分ではなくこの社会だ」といった不満がある。

一方、そういった不満が、現状を変えて、より良い世界を作っていく原動力になることもあるのは事実じゃ。

ハ　それはわかりますよ！

師　その一見ネガティブなさまざまなこととハルカに縁があったのは、ハルカにそこから学び取れるいろいろな課題があったということでもある。
そこで、**自分が出会ったネガティブなことにはすべて何か意味があると考えてみると、その存在を肯定できる。**

ハ　そうですねえ。まあ、そのように考えれば、ある意味肯定できなくはないですけど……。

師　そのネガティブなことは、ハルカのためにわざとネガティブな面を見せてくれていたとも考えられる。

ハ　ええ!?　そこまでいくと、わけがわかりませんよ！

師　もしもハルカに**その学びが必要なければ、そのネガティブな出来事には出会わなかった**じゃろう。

ハ　つまり？　もっと具体的に教えてください。

師　たとえば、先輩のAさんは、ふだんはやさしい人だが、ちょっとしたことで怒り出すと切れてしまうような性格だとしよう。それは、ハルカに学びの必要があるから、Aさんの逆鱗《げきりん》にふれて怒らせてしまっているんじゃ。

ハ　ええっ！　じゃあ、Aさんが怒るのはわたしのせいだと？　とても信じられません。

師　しかし、ハルカにその学びが必要なくなると、Aさんを怒らせることが少なくなる。もしくはAさんが配置転換で遠くに行ってしまったりする。つまりAさんは、ハルカとは学びの縁がない存在になるわけじゃな。

ハ　うーん、そうなったとしても、それはたまたまなんじゃないかなあ。

師　逆に言えば、〝Aさんの怒り〟はわざわざハルカの学びのために発生したとも考えられる。Aさんだって本当は怒りたくないだろうし、できれば心穏やかに過ごしたいはずじゃ。それをハルカのためにわざわざ怒る役を演じてくれたわけじゃよ。

そうなると、ハルカはAさんの怒りを肯定して、さらにわざわざ自分のためにエネルギー使って怒ってくれたAさんに感謝の念がふつふつと湧いてくるであろう？

ハ　ううっ！　肯定まではいいとして、感謝まではできるかどうか……。

師　肯定できれば感謝まではあとほんの少しだぞ。**すべての事象にはいろいろな側面があり、さまざまな方向から考えることが必要**なんじゃ。

ハ　はあ。ネガティブなことの中にポジティブな要素を見つけるようなものですね。コップに半分しか水がないと思うか、半分も入ってると思うかという話を思い出しました。

師　それは有名なポジティブ思考のたとえ話じゃな。

ハ　前回習ったポジティブ思考と今回の感謝はなんだか似てますけど、どんな関係があるんでしょうか。

師　いい質問だな。**ポジティブ思考の究極の形が、すべてのことに対する感謝**じゃ。
大いなる存在が自分を愛してくれて、自分のために学びの場を提供してくれている。自分の潜在意識がそれにこたえて〝Aさんの怒り〟のような学びの素材をひきよせてくる。ハルカはそこから学びつくす。

ハ　ハッ！

師　そしてその結果、ネガティブなことも含めて、すべてのものに感謝するわけじゃ。ところが、ハルカは大いなる存在の大いなる愛を受け入れる準備がまだできていない。だから、自分に都合がいいときだけしか感謝ができないのじゃ。

ハ　そりゃあ、そうですよ！　でも、この講義をとおして、いつかはすべてのことに自然に感謝できる日が来るんですね！
それまではどうすればいいんだろう……。

師　まずは形から入ることじゃ。とりあえず、ハルカの身のまわりのもの、ハルカに起こった出来事、ハルカのまわりにいる人など、**すべてのことに対して、口に出して感謝してみる**んじゃ。

ハ　あれ？　それって、補助輪付きのポジティブ思考に似てますね。

形から入っても、「感謝の瞑想状態」になれる

師　そうじゃな。補助輪付きの（形からの）感謝とでも呼んでおくか。いつか本当に感謝の念がハルカの中から湧き出てくる日までは、補助輪付きの感謝でがんばるのじゃ。すると**いつかは本物の感謝になる**であろう。

ハ　では、そうなることを期待して、とりあえず、試しにやってみます。

師　ここでやってみよう。まずは、自分の体のパーツからじゃ。右手、左手、右足、左足と、ひとつずつ注目して感謝していくんじゃ。

ハ　思い立ったが吉日じゃ！　さあ今、はじめよ！
はーい。えーと、じゃあ、まずは右手から……。

右手さん、いつもありがとう、あなたのおかげでお箸が持てるよ。

左手さん、お茶碗持ってくれてありがとうね。

師　おおっ！　うまいではないか！

ハ　えへへ。ノッてきましたよ。
右足さん、そういえば昔ジョギングして膝《ひざ》を痛めたけど、それにもかかわらずいつも体重を支えてくれて、ありがとうね。

左足さんも、そんな右足をサポートしてくれてありがとう。がんばってダイエットするからね。

……ええとまだやります？

師　もうちょっと続けてみなさい。

ハ　はい。……胃袋さん、いつも働かせすぎてごめんね、文句も言わずに受け入れてくれてありがとうね。

心臓さん心臓さん、いつも休まずごくろうさま。

肝臓さんも、お酒を飲んだときは解毒作用でお世話になってます、ありがとう。

筋肉さんたちも、いつもありがとうね。

筋トレで筋肉痛、大変でしょうけど、今後ともよろしくお願いいたします。

こんな感じですか?

師 グッドじゃ。次は身近なものでやってみよ。

ハ 身近なものですね。

ええと、このテーブル、あなたのおかげでご飯が食べられます。

湯呑みはさっき使ったなぁ、あなたのおかげでお茶が飲めてうれしいなぁ。

空気や水はもう、これは基本アイテムだからなあ、いくら感謝してもしきれないなあ、ありがとうございます。

英語の参考書もありがとう。パソコンもスマホもありがとう。本当にお世話になっております。

師 次は身近な人でやってみい。

ハ　えーと、身近な人というと、まずはパートナーかな？　いつも支えてくれてありがとう。ときどきけんかもするけど、成長のための刺激だと思って、ありがたく受け取らせていただきます。お父さん、お母さん、育ててくれてありがとう。……その割には親孝行してないかもなあ。パートナーの両親にも感謝しています。なにかとお世話になってますしね。

師　……ああ、なんか……。

ハ　んっ？　どうしたんじゃ、ハルカ。

師　なんだか胸の辺りがほんわかとした、いい気持ちになってきました。

ハ　ほほう、効果が早いのう。

師　これが感謝の効果なんですね！　こんなに気持ちがいいものだったら、もっと早く教えてくれたらよかったのに！

ハ　これこれ、そう欲張るものではない。ものにはタイミングがある。ハルカが今これを知ったのも、今がベストのタイミングだからじゃろう。

ハ　もっと前ならその価値がわからなかったかもしれないということですね？　なるほど……。それはそうと、質問があるんです。
最初はまあ、師匠から言われて半ばイヤイヤやっていたんです。形からだから、ありがとうと言ってみてもなんだか実感がともなわなくて。

それが、だんだんと、本当にありがたいなあという実感が湧いてきたんです。

これは、なぜなんでしょう？

師　**理屈はどうあれ、まず感謝しておく。実感はあとから湧いてくる。**それでよいではないか？

ハ　はあ……。

師　何かをはじめるとき、最初はスムーズには行かなくても、だんだんとスムーズになってくるものじゃ。習い事でもまずはよい道具などをそろえて形から入れ、と言われたりする。だから、まずは感謝しているふりをしておく。するとその〝感謝のふり〟がいつかふりでなくなってくるのじゃよ。

ハ　補助輪を付けていても、いつかは本物になれるのですね。

師 いつも補助輪付きでも、ハルカの潜在意識はこう思うんじゃ。「あれ？　最近はポジティブ思考や感謝が多いなあ。どうしたんだろ？」。そして、そのうちにこう変わってくる。「ははあ、これが自分のキャラだったのかも」とな。そして最後に「わたしはポジティブな人間だったんだ。しかも心が感謝に満ちあふれている！」となる！

ハ わぁ、すごい！

師 さびついた自転車の歯車を動かすのは大変じゃ。最初はギシギシと、スムーズに動いてはくれん。しかし油をさして少しずつ動かしているうちに、だんだんと動きがスムーズになり、そのうちにビュンビュンと回るようになる。

ハ そうですね！

師 いったん回り出したら逆に止まらなくなるじゃろう。ホントに感謝の念が次から次へと自然と湧くようになる。何を見ても何が起こっても自動的にありがたいと思えるようになる。そうなると、もうそれは〝**感謝の瞑想状態**〟のようなものじゃな。

ハ　感謝の瞑想状態って何ですか？

師　瞑想とは、マインドフルネスにより「今、ここ」の現実をあるがまま感じることができる状態じゃ。だから**「すべてのあるがままの現実に感謝しかない」と「悟る」ことを感謝の瞑想状態**と言ってみた。

一方、**「すべてのあるがままの現実に感謝しかない」と自分に「言い聞かせている状態」がアファメーション**じゃ。まずはありがとうのアファメーションからはじめて、いつの日か感謝の瞑想状態を実現するんじゃ。

ハ　なるほど、アファメーションからはじめればいいんですね！

神アファメーション③

わたしは、今、あらゆることに感謝しています

師　では、ここでアファメーションじゃ。ハルカ、宣言せよ。こんなのはどうじゃ？

「わたしは、今、あらゆることに感謝しています」

ハ　これはこのままいただきますね。では、「わたしは、今、あらゆることに感謝しています」。

師　もう一度、誇らしく！

ハ　「わたしは、今、あらゆることに感謝しています！」

師　よろしい。今回はここまでとしよう。むろん、次回までの宿題は感謝じゃ。とにかくありとあらゆること、出会った人すべてに感謝の念を注ぐように。特に苦手な人に感謝の念を送ると面白いことが起きるぞ。

ハ　なるほど……実際にやってみます。

とりあえずやってみよう

□身のまわりのすべてのことに、形だけでもいいから口に出して感謝してみる

□神アファメーション③「わたしは、今、あらゆることに感謝しています」と唱えてみる

【3時限目】のまとめ

あらゆることに感謝する

・最初は形だけの感謝でも、続ければいつか本物になる。

・すべてを肯定する感謝の力で、自己肯定感を強くしよう。

【4時限目】

自分自身を愛する究極の方法

自分を愛することで問題は解決する

ハ　こんにちは、師匠。

師　おう、ハルカか。どうじゃった？　感謝をやってみて気づきはあったか？

ハ　それがあったんですよ！　昨日、仕事のミスで取引先から呼び出されてしまったんです。そこの担当者がとっても気難しい人で、ハッキリ言って苦手だったんです。わたし、苦手だなあと思うと緊張してうまく話ができないので、「ああ、ゆううつだなあ」と悩んでいたんです。

師　ん？　悩んでいた？

ハ　あっ！　もちろん〝不安〟というラベルはつけていましたよ。それに、これは何かの学びにちがいないと思ってもいました。そして、師匠が前回言っていた「特に苦手な人に感謝の念を送ると面白いことが起きるぞ」という言葉を思い出したんです。

師 ふむふむ！　それで？

ハ 出かける前に、心の中で「いつもご指導ありがとうございます」と思ってみたんです。ついでにその人がニッコリ笑っているところを思い浮かべて、さらに「あなたが幸せでありますように」とも心で唱えました。

そうしたら、不安な気持ちがいつのまにか小さくなってきて、穏やかな気持ちになれたんですよ。

それから取引先に行ったところ、なんと、その人の機嫌がそんなに悪くなかったんです！　いつもは苦手意識もあって、こちらも緊張してたんでしょうね。

それでさらに怖いと思っていたのかも……でも。

師 でも？

ハ その日は最初からそんなに緊張しなかったんです。それで、こちらのミスの事情を説明して謝罪したら、すぐに納得してくれたんです。

そのあとですよ！　その担当者さん、わたしが思い描いていたようににこやかに笑ってくれたんです。おまけに雑談をしたら共通の趣味があることがわかって、盛り上がりました！

師 ふうむ、そりゃできすぎなくらいじゃな。

人間関係は苦手だと思うことから、ボタンのかけちがいがはじまることも多い。

ある人を苦手だ、嫌いだと思うと態度や言動に不自然な緊張やひるみが出るから、それを見た相手もどこか緊張してしまう。

一方、こちらがリラックスしていると相手も緊張しないから、スムーズに人間関係が進むことがある。

そこに気づくとは、わしは本当に出来のいい弟子を持ったのう。

ハ えへへ。

師 ほめられてうれしい気持ちにもちゃんとラベルをつけたか？

ハ も、もちろんです。

師 よし、さて、今日のアファメーションはこれじゃ。

「わたしは、今、自分自身を愛することができます」

ハ あれ？ 急にスケールダウンしたというか、利己主義的になっているような、そんな気がしますけど……。

師 ここで、ハルカの最初の相談が何だったか、おさらいしておこう。たしか、先輩から休日出勤を頼まれて断れなかったんじゃな？　なぜ断れなかったんじゃ？

ハ そ、それは、自己肯定感が弱かったからです。

師 ではなぜ、そんな羽目になったのか？

ハ えー、なぜでしょう……。

師 それは、ハルカが自分を愛することができていないからじゃよ。

ハ ん？　自分を愛せていない？……ああっ！　そうか！　そうだったんだ。

師 腑に落ちたかの？

ハ はい！　自分でも自分を愛せないんだから、そんな自分を他人が愛してくれるはずがないって思い込んでしまっているんですね……。悲しいなあ。だから自分を愛することが必要なんですね。それで、このアファメーションなんですね。

ただ……自分を愛するって結局、どういうことなのでしょう？　自分を肯定するってこと？


師　肯定とは少しちがうかもな。**「自分を愛する」とは、「あるがままの自分を客観視して理解する」ということ**じゃ。

「なるほど！　自分はこういうときはこう考えてしまうんだな」と客観的に理解する。「へえ、自分はこう感じているんだ」とリアルタイムに気づく。

そこまでがマインドフルネスであり、「あるがままを理解する」ということじゃ。

客観視だから肯定も否定もない。これだけでも、今まではバリバリの自己否定だったのだから、すごい進歩だぞ。

ハ　肯定も否定もしないで、ただ理解を示すんですね？

師　そうだ。あるがままの自分が理解できれば、そこからマインドフルネスを保ったままで「そんな自分でもまあ、（今は）いいか」と考えるチャンスが得られる。
これは、カウンセリングで行われる**「傾聴《けいちょう》」**（相手の立場になって相手の気持ちに共感しながら聞くこと）にあたる。カウンセリングで行われる傾聴は、具体的に言うとこんな感じじゃ。

例）仕事でつまらぬミスをして、自己嫌悪に陥る
そんな自分を否定↓「ミスなんかして、わたしはダメだなあ」
肯定↓「大丈夫。誰だってミスすることくらいあるさ」
カウンセラーによる傾聴↓「ミスした自分がイヤになっちゃったんだね」

例）仕事のミスを批判されて、くやしい思いをする
そんな自分を否定↓「批判されたくらいで落ち込んでてどうする！」
肯定↓「批判されたらくやしくて当然だよ」
カウンセラーによる傾聴↓「批判されてくやしかったんだね」

否定は傷口に塩を塗るから論外だとして、肯定も一見、傷口を保護できそうだが、じつはちがう。肯定されるということは否定・肯定のジャッジをカウンセラーがしているからな。

そうではなく、カウンセラーが話をきちんと理解し、否定も肯定もしないで聞いてくれるからこそ、安心して自らの心の内を話すことができるし、カウンセリングが癒しと回復の原点となるのじゃ。それが「傾聴」の効果である。

「ネガティブに考えるのはダメで、ポジティブに考えることができる自分は偉い」となってしまうと、今回はポジティブに肯定できたけど、いつまたネガティブになって自分を否定してしまうかわからない、と怖くなる。

一方、マインドフルネスは傾聴と同じで、肯定も否定もせずに自分の心の声を聞くから、安心して自分の心の中を観ることができるのじゃ。

ハ　じゃあ、肯定するのはダメなんですね？

師　とは限らん。いったんマインドフルに自分を理解して「ああ、失敗すると落ち込むのが自分である」と客観視したうえで、そんな自分でもまあいいかと肯定していくことは可能なのじゃ。

ハ　なるほど！

師　腑に落ちたところで今日のアファメーションじゃ。

ハ　えーと、「わたしは、今、自分自身を愛することができます」でしたね。わたし流に作り変えると、「わたしは、今、自分自身を愛しています」かな。

師　それでええじゃろう。

夢や目標にしがみつくのをやめる！

ハ　ところで、師匠。自分を愛せないと、ほかにもいろいろとうまくいかないことがありそうに思うんですけど……。

師　まさにそうじゃ。よかろう。もうちょっと詳しく教えてしんぜよう。とても大切なところだから耳をかっぽじって、よく聞くように！あるがままの自分を愛せない。すると、あるがままの自分では人に愛してもらえないと不安になる。

ハ　は、はい。

師　あるがままでは愛されないから、ムリをして愛されるような自分にならなくてはいけないと思うわけじゃ。このあたりは、前も説明したな。
たとえば、「今の自分以上の自分にならなくてはいけない」と、背伸びをしていろいろなものを手に入れようと執着する。

ハ　んー……。わたしはそこまで物欲はないんですけど……。

師　いわゆる〝物〟とは限らん。たとえば、お金や不動産や宝石などの富、地位や名声を重視する人もいれば、資格を取って箔《はく》をつけようとする人もおる。健康や体力、容姿が大切と思っている人もおるじゃろう。夢や目標にしがみついている人もおる。

ハ　でもその執着は、みんな大切なものばかりですよ！　それに夢や目標まで否定したら、それにともなう、やりがいや喜びはどうなるんですか。

師　もちろん、夢や目標は大切じゃ。しかし、それを手にすることで、他人からどう見られるかを気にするのであれば、それは依存であり、執着じゃな。人から

夢
目標
評価
幸せそうに
みられたい
成功してる
と思われたい

認められないと自分を認めることができない。だからそれを欲するという状態じゃ。

つまり、それがあればハッピーな自分になれる。それがなければハッピーにはなれない——そんな状態を「依存」、もしくは「執着」というのじゃ。何かに依存していては決して幸せにはなれないぞ。

ハ　ど、どうしてですか？　たとえばお金だけでは幸せにはなれないかもしれないけど、お金があれば、そこそこ幸せになれるんじゃないですか？

師　仮に、金や名誉を手に入れても、今度は失ったらどうしようという不安にさいなまれる。また、もっともっとほしいという願望も出てくる。いつまでも安心できない。

ハ　たくさん何かを持っていても幸せにはなれないということですか？

師　そうではない。ただ、幸せとそれらの何かを獲得することとは無関係だと言っておるんじゃ。
お金がなくても幸せではいられるし、もちろん大金持ちで幸せという選択肢もある。わしなら後者、つまり大金持ちで幸せがええのう。

ハ　わ、わたしだってお金持ちで幸せのほうが断然いいです！

師　ふぉ、ふぉ、ふぉ！　話をもどそう。「自分自身を認めるために、他人に認められなくてはいけない」という思い込みがあると、どこまで行っても自分を認めることはできん。すなわち幸せにはなれないのじゃ。

ハ　じゃあ、お金などには執着するなということですか？

師　お金を求めることは悪いことではない。ただ、執着がよくないんじゃ。たとえば、仕事でも、人から認めてもらえればとてもうれしいじゃろう？　ほめてもらえなくてはダメだと思うことが執着で、認めてもらえなかったとしても、たまたまその人に認めてもらえなかっただけで「相手の事情だからしかたない」と思えるなら、執着ではない。ただし、「執着しないように！」とムリに我慢してもダメじゃ。

ハ　では、どうしたらいいんでしょう。

師　そのようなネガティブ思考はどうすればいいんじゃったかな？

ハ　あっ、そうか！　気づいておけばいいんですね？

師　そのとおり！　〝執着〟とか〝ほしがっている〟といったラベルをつけて、観察しておけばいいんじゃ。すると、そのうちに執着も小さくなるじゃろう。

親から認められてこなかったと気づいたら？

ハ　ほめてもらうことに関連して、今、急に母のことを思い出したんですが、わたしが本当にほしいのは、母の称賛と承認なのかもしれません……。

師　それは正しい洞察かもしれんのう。自分の親に認めてもらいたくてもがいている人も多い。しかし〝認められたい気持ち〟とラベルをつけておけば、ハルカもいつかは親離れできるじゃろう。

ハ　お、親離れですか？　もう大人なのに？

師　意外と多いんじゃよ。**幼少期から親に認められてこなかった人は自分をなかなか肯定できない。それが原因でさまざまな生きづらさを抱えることになる。**

目の前の人に承認してもらおうとして自分の意見を押し殺してしまい、NOと言えなかったり、フランクに頼み事ができなかったりするのじゃ。

認めてもらいたいがゆえに、理想の自分を夢見てがんばるが、どこまで行っても満足できない。

かといって、親の代わりに他人に認めてもらっても満足できない。今さら親に認めてもらっても満足できない。その場限りと感じてしまうのじゃ。

今ほめてもらってもそれはたまたまだと考え、次の瞬間には否定される恐怖とともに生きている。

そんな**自己肯定感が弱い人が安心して生きるためには、自分で自分を肯定することが唯一の道**なのじゃ。

ハ　そうか……。では不安な自分を肯定すればいいんですか？

師　いや、不十分で不満足な自分を「それでよし」と肯定することはできない。仮にその状態のまま、アファメーションで「自分は強い」「自分は豊かだ」「自分は素敵だ」とうわの空で連呼しても、不安で上滑りしてしまう。

だからこそ、「自分は今、認めてもらえない不安を感じている」と客観視すると、一歩引いた視点に立てるのじゃ。するとホッと一息ついて冷静に「今、ここ」の現実（不安にとらわれている自分）が見えてくる。

そのために、**「今、ここ」でのいつわらざる感情に名前をつけて実況する**のじゃ。「自分は不安を感じている」と心で実況できれば一歩引いた視点に立てるから、その不安を手放すための準備ができる。

そのために、この講義の7つの神アファメーションをしっかり実践してほしいのじゃ。

神アファメーション④

わたしは、今、自分自身を愛しています

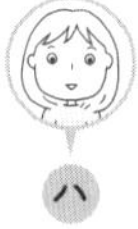
ハ　いやだなあ、まだ親離れしていなかったのか……。だから、「自分自身をまず愛せよ」ということなんですね。

師　うむ。そこで先ほどのアファメーションじゃ。ハルカが作り変えたものを覚え

ておるな？　力強く宣言せよ！

ハ　「わたしは、今、自分自身を愛しています！」

師　自分で自分を愛することができれば、愛を他人にせがまなくても生きていける。するとどうなる？

ハ　愛してとせがまなくてもいいのなら、ほしいものを我慢したり、イヤな仕事を引き受けたりする必要もなくなりますね！

師　他人の称賛を得るためのがんばりも必要なくなるしのう。しかし、時には今までの癖やその他の事情で「断りにくいなあ」とか「このままじゃダメだからもっとがんばらなくては」という思考が流れてくるじゃろう。

そういうときには〝罪悪感〟とか〝執着〟とか適当なラベルをつけておけばええ。そうすれば、次第に「そんなにがんばらなくても嫌われないかも」と思えるだろう。

その結果、難題は課題に変貌し、ハルカはその課題を無事クリアして、大いなる存在に感謝をささげることができるわけじゃ！

ハ すごい！　早くそうなりたい！　あ、願望の形はいけないんでしたっけ。よし、「わたしは、今、自分自身を愛しています！」
……わっ！　なんか胸がジーンと熱くなる感じです。自分を愛せそうな気がします。

師 おお……。ではは今日はここまでとしよう。今回の宿題は、自分自身をあるがまま愛することじゃ。自分が何に執着しているのか、何を恐れているのかに注目して生活すると気づけるかもしれんぞ。

とりあえずやってみよう

□自分の心の声を肯定も否定もせず、ただ聞いてみよう
□神アファメーション④「わたしは、今、自分自身を愛しています」と唱えてみる

【4時限目】のまとめ

自分を愛する大切さ

・あるがままの自分を愛せる人は、
他人に肯定してもらう必要がなくなる。
・あるがままの自分を愛せるようになると、
難題が課題に変わり、
大いなる存在に感謝をささげることができる。

【5時限目】

人を愛せるわたしになる

もう「いい人」を演じなくていい！

ハ　おはようございます、師匠。

師　おお、ハルカ。宿題はやってきたか？

ハ　ええ、ばっちりです。あるがままの自分を愛するってことは、愛されるためにムリをしなくても大丈夫ということでしょう？　その観点で1週間チャレンジしてきました。

師　ほほう、それで？

ハ　わたしは夫と2人暮らしで共働きなので、協力して家事をするようにしているんです。この間、わたしがソファーに腰を下ろしてリラックスしたとたんに、洗濯が終わったんです。それで夫が干しはじめたんですよ。

師　ふむふむ。

ハ　そこで「あ〜、タイミングが悪いな。今座ったばかりだし、立ち上がりたくないなあ。でも」と思ったところで、ラベル貼りをスタートできたんです。〝おっくう〟〝義務感〟と来て、そこに〝罪悪感〟が来たところで突然ひらめいたんです。「あ！　師匠が言っていた〝人の称賛をほしがる〟というのはこれだ！」って。わたしが手伝おうとしたのは義務感からであり、手伝わないときに感じるのは〝罪悪感〟であるとひらめいたんです。

師　ほうほう。

ハ　つまり、家事をこなすことは自分の評価を上げることが目的であって、自分は〝よい奥さん〟という自己イメージに執着していたんだなぁと。まさに、「悟った！」「わかった」「目覚めた」という体験でした。これが洞察なんですね。

師　そのとおり！　それはまさに洞察、またの名を「あっ、そうか！　体験」じゃな。ハルカもついに幸せの扉をひとつ開いたのう。

ハ　えへへ。それでね、そこからが面白いんです。自分の執着に気づいたとたん、急に立ち上がることがおっくうじゃなくなったんです。

師　ふうむ、なるほど。**ラベルをつけることで、手伝わなくては、という思考**

の結果である罪悪感や義務感から解放されて、冷静に物事（がんばってい
る夫）を見られたんじゃな。だから、純粋に手伝ってあげようという愛を自分で感じられたんじゃ。

ハ　はい。ごく自然に「夫を手伝って早く家事を済ませてしまおう！　それから夫と2人でゆっくりしよう」と思えたんです。

師　もしもその洞察を得る前にイヤイヤ立ち上がって手伝っていたら、きっと旦那さんにもそのイヤイヤ感が伝わってしまい、逆に評価を下げておったろうな。**自分自身を愛することができる者だけが、真の意味で他人に気遣いができる**のじゃ。

ハ　それはなぜでしょう？

師　自己肯定感が弱い者の気遣いや愛情とは、えてして自分本位なものじゃ。思うとおりの感謝が返ってこないと不機嫌になったり、見返りを求めたり。じゃから愛情を注いでいるつもりでも、「うざい」とか「重たい」などと思われて、かえってありがた迷惑となる場合が多い。

ハ　どうして自分本位になってしまうんですかね……。

師　これは大切なところだから、もう一度説明するぞ。
ハルカのように**自己肯定感が弱い者が一番ほしいのが、他人の称賛と評価**じゃ。
だから、**自分の欲求をおさえて他人の欲求を優先し、自分の意見を殺して他人の意見に従おうとしてしまう。いい人を演じることで他人からの関心を得たいと思う**んじゃ。

ハ　ううっ！　耳が痛いです。

師　うっかりするとそれを〝愛〟と勘違いしてしまうが、それは愛ではなく、愛されたいという執着なのじゃ。愛とは惜しみなく与えるものであり、見返りを期待しないものである。**関心が100%相手に向いていて、相手の幸福を願った行為が愛**じゃ。

ハ　はあ。

師　ところが、自己肯定感が弱く、自分自身を愛せない者の関心は、自分自身に向かっておる。いかにして自分が愛されるかが最大の関心事なのじゃ。ハルカがこれまで旦那さんにしていたのは〝愛〟ではなく〝執着〟ということじゃな。

それは一見親切じゃが恩着せがましく、的外れになって感謝されることはない！　むしろうるさがられて〝おせっかい〟だと思われ嫌われるだけなんじゃ。

ハ　なぜなら、結局は愛を与える行為ではなく、愛をせがむ行為だからじゃ。

師　うう……。

自分で自分を愛せるのであれば、もはやほかの誰かにしがみついて愛をせがむ必要はなくなる。そして今度こそ、本当の意味で愛にあふれた行動ができるようになるわけじゃ。

そしてハルカが真実の愛に目覚めたとき、ハルカを通してその愛が流れていくんじゃよ。

ハ　わたしを通って流れていく……。うーん、よくわかりません……。

師　ハルカが人を愛するとき、それ以上に愛がハルカに流れ込んでくるんじゃ！

しかも、その愛の量たるや無限じゃ！　人を愛すれば愛するほど限りない愛が流れるのだ。

では、その愛を一番感じるのはいったい誰だ？　その愛の恩恵に一番あずかれるのは？

ハ　まさか……？

師　そのまさかじゃ。ハルカよ、おぬし自身が一番その愛を感じることができるのじゃよ。「情けは人のためならず」ということわざがある。人に親切をするとやがては自分に返ってくるという意味じゃ。それは、まさにこのことを言っておる。

ハ　そうか、すごいですね！　あっ、ひょっとして、逆のことも言えるのではないですか？

師　ほう、逆とは？

ハ　えーと、誰かをうらんだり、ねたんだりすると、そのネガティブなエネルギーが自分の中を流れて、自分自身を傷つけるんではないかなと思ったんです。

師　ハルカよ、おぬしなかなか鋭くなってきたのう。まさにそのとおりじゃ。そういう意味でも、自分の思考と感情に鋭く気づいておくことは、とても重要なんじゃよ。

ハ　そうですねえ。「あっ、今あの人をうらんでいる」と気づけたら、自分自身の心の健康のためにうらむのを我慢できるかも……。

師　我慢ではなく、自然とうらみを手放せるんじゃ。

ハ　自然に手放せる！　それはすごいですね。

師　すごいじゃろ！　しかし、ここまでこの講義を受けてきたんだから、やはりもう一歩進んで、うらんでいる相手の幸せと健康とを祈る境地にまで高めてほしいものじゃな。

ハ　ええと、取引先の苦手な担当者に感謝と幸せを祈るという念を送ったらうまくいった話と同じですね。

師　そうじゃ。最初はそういう小さなことからはじめたらいいんじゃよ。**ちょっと感謝の念を送ってみるとか、ちょっと幸せを願ってみるとか、または**

単に相手の笑顔を想像してみるとかのう。なにも苦手な人を訪ねていって、直接、愛を伝える必要はないんじゃ。

ハ　それなら、たとえうらんでいる相手でも、無理なくはじめられそうですね！

師　ではさっそく今回のアファメーションじゃ。
「わたしは、今、愛に満ちあふれています！」

ハ　あっ、ちょっと待ってください。「関心が100％相手に向いていて、相手の幸福を願った行為が愛」とおっしゃってましたけれど、具体的にどうすれば、〝本当に愛する〟ことができるようになるんでしょうか。

今すぐできる！　人を愛する具体的な方法

師　なるほど。うっかりしてまた相手の愛情をせがむようになってもつまらんから、具体的方法を教えよう。
愛とは、あるがままの相手を受け入れることじゃ。だから、まずは、相手が話

していると きは、話の腰を折らずに最後までじっくりと聞いてあげることからはじめたらどうかな？

ハ　そんなことで本当に愛することになるんですか？

師　**話をじっくりと聞くことは、とても強力に愛を伝える方法**なんじゃ。
しかし、たいていは人の話を聞くときは、自分の意見を心の中でまとめていたり、どう反論しようか考えていたり、どうやってアドバイスしてあげようかと考えていたりすることが多い。

ハ　そう言われると、確かに……。

師　それは「相手の話にじっくりと耳を傾けて聞く」のができていない証拠じゃ。自分の話を相手にじっくりと聞いてもらうことは、自分の話には聞く価値がある、つまり、自分は大切にされていると感じるものなんじゃ。

ハ　わかります。話の腰を折られるとモヤモヤしますね。

師　そうじゃろう？　話の腰を折ると「あんたの話なんか聞いていられないよ」というメッセージとして相手に伝わるんじゃ。つまり、あなたを大事に思っていないということになる。じっくり話を聞くことはその逆で、「あなたを尊重していますよ」というメッセージを伝えることになるわけじゃよ。

ハ　なるほど！〝本当の愛〟と言われると、なんだかキリスト様とかマザー・テレサみたいなすごい人になることかと不安に思いましたけど、それなら今日からできそうですね。

神アファメーション⑤

わたしは、今、愛に満ちあふれています

師　では改めて、5つ目のアファメーションを教えてしんぜよう。
「わたしは、今、愛に満ちあふれています」
さあ、誇らしく宣言してみい。宣言するときは、すでにそうなった気持ちでやるんじゃぞ。

ハ　ううーん。アファメーションを言うのはいいんですけど、その〝すでにそうなった〟という気持ちは苦手です……。

師　では、こんなふうに考えてみたらどうじゃ？

「自分はすでにそうなった人間のふりをしているのだ」

もしくは、

「それができている人の役を演じているんだ」

とな。

ハ　なるほど、愛に満ちあふれている人の役割を演じるということですね。さっそくやってみます。

「わたしは、今、愛に満ちあふれています！」

師　どうじゃ？

ハ　ええ。役を演じているだけなら、ムリなく言えるし、そう思えますね。

「わたしは、今、愛に満ちあふれています！」

……師匠！　なんだか自分が本当に神々しい人間になってきたような気がします！　大丈夫でしょうか？　なんだか自分が自分でなくなってしまうみたいな気がします。

師 ふぉ、ふぉ、ふぉ！　ハルカは心配性じゃのう。自分自身の神々しさをたっぷりと楽しむがええ。ハルカはもともと神々しいのだから。人はあるがままで完璧なのじゃ。

さて、今日はここまで。次回までにハルカが接する人に愛を注いでくるように！

とりあえずやってみよう

□人の話を、腰を折らずただ聞いてみる
□神アファメーション⑤「わたしは、今、愛に満ちあふれています」と唱えてみる

【5時限目】のまとめ

人を愛すると、愛に満ちあふれる

・自分自身を愛せるようになると、本当の意味で、他人を愛することができるようになる。
・他人を愛するとき、無限の愛が自分を通じて流れていく。
・無限の愛の恩恵を一番多く受けることができるのは自分自身。

【6時限目】

ワクワクするだけで人生が動き出す

ワクワクすることに出会えない件

ハ　こんにちは、師匠。

師　おお、ハルカ。どうじゃ？　何か学びがあったか？

ハ　はい。縁があった人に愛を注ぐという宿題でしたね。夫や職場で会う人に、なるべく笑顔で接するように心がけて、相手の話に耳を傾けて聞くようにしました。ついでですから気持ちを込めて、「いつもありがとう」と感謝の言葉を心の中で言うように心がけました。これは感謝の宿題ですね。実際は口に出せたらよかったんですが、ちょっと照れくさかったです。

師　大丈夫じゃ。心の中で言うだけでも、ちゃんと相手の潜在意識には通じておる。

ハ　あっ、でも夫には、「いつもありがとう」と声に出して言ってみました。

師　効果はどうじゃった？

ハ　ちょっとびっくりしていました。でもなんだか夫がいとおしく感じられて、愛

情が深まった気がします。ほかの人間関係も問題なくスムーズに過ごせていま
す。

師 もう自分には学びの必要はなくなっちゃいましたかね？

ハ ふぉ、ふぉ、ふぉ。ちょっと調子にのりすぎてるようじゃが、まあええ。

師 はい。ところでわたしの最初の問題なんですが。

ハ んっ？ 休日出勤の事件じゃな？

師 はい。4番目のアファメーション「わたしは、今、自分自身を愛しています」
で自己肯定感を強くしたら、イヤなこともハッキリと断ることがある程度でき
そうな気がするんです。でも……。

ハ 前にも言いましたが、断れない場合もありますよね。たとえば自分の責任感だ
ったり、仕事でやらないといけなかったり、ほかにも、立場上どうしても断れ
なかったりということがあると思うんです。

師 それはそうじゃな。

ハ その一方で、心理学や精神世界を扱った本なんかでは「ワクワクすることだけ
しなさい」なんて書いてあったりしますよね。でも、仕事でやらなくてはいけ

ないことにワクワクするのは、ちょっと難しいと思うんです。

師 なるほどのう。

ハ それにね、師匠。そもそも、ワクワクすることって何だろうと最近思うんですよ。そりゃあ、最近はトラブルも減ってそれなりに幸せになってきています。でも、わたしにはそんなに大きな夢があるわけではないし、海外旅行なんかが好きなわけでもないんです。ああ、わたしのワクワクすることって、いったいどこにあるのかなあ。

師 なるほど。ハルカはどこかにワクワクすることがあって、それにまだ自分がめぐり合っていないように思えるんじゃな？

ハ そうそう、そうなんです！　いったいどこに行ったら見つかるんでしょう？

師 いいじゃろう。たとえイヤでも断ることができない事例が残ることとワクワク探しは、じつは関連した話なんじゃ。前に、「断る」と「引き受ける」の2択では答えは見つからないと言ったが、ここでまとめて話しておこう。まずはワクワク探しだが、結論から言うぞ。

今のままでは、ハルカがワクワクすることに出会える確率はゼロじゃな。

覚悟を決めたら、すべては好転する

ハ　ゼ、ゼロ、ですか！　そんな夢も希望もないことを！　なぜですか？　そんなのわからないですよね。

師　ハルカはどこかにワクワクすることがあると思っておる。しかし、〝ワクワクする〟というのは動詞じゃ。自分からワクワクしなければ、できるものではない。

ハ　えっ？　自分からワクワクするですって？

師　そのとおりじゃ。さて、物事への取り組みには4つの段階がある。まずはそこから話をはじめよう。
わかりやすいように、ハルカ自身の事例で、イヤなことを頼まれた場合の取り組み方で考えてみよう。

それは、次の4つじゃ。

①イヤだから断る
②イヤイヤ引き受ける
③主体的に引き受ける
④ワクワク引き受ける

ハルカの場合は、②のイヤイヤ引き受けるじゃ。じつはこの**4つの中で、この②のイヤイヤ引き受けるが一番有害**なんじゃよ。

ハ　ええっ？

師　**イヤイヤ引き受けることは、自己肯定感を損ねるうえに、押しつけてきた相手に対するうらみが残る**んじゃ！　しかもその仕事を失敗したり、仕事の途中でトラブルを起こしたり、さらに最悪の場合は、ケガや病気をしたりする危険性まであるんじゃよ。

ハ　そんなバカな！

師　心にわだかまりがあれば行為にブレーキがかかる。**本心（潜在意識）ではやりたくないと思っているのに顕在意識で無理やりやれば、潜在意識がやらせまいとして邪魔をしてくる**のじゃ。

つまり、無意識のうちに失敗するようなミスをおかしたり、ケガをしたり病気になって結果的にできない状況を招くこともあるのじゃ。

イヤイヤ引き受けるぐらいなら、いっそ早く断ってしまったほうがいい。

ハ　なるほど。でも何度も言うように、引き受けざるを得ないことだってあるでしょう。問題はそういうときなんです！

師　ハルカが言うとおり、それがもともと仕事や義務なら引き受けざるを得ないのう。また、頼んできた人の事情次第では引き受けたほうがいい場合もある。

ちなみに、ハルカに休日出勤を依頼してきた先輩じゃが、詳しい事情は聞いてみたのか？

ハ　いえ、詳しくは聞いていません。

師　その先輩の事情が、野球の試合を見ることだったらどうじゃ？

ハ　そ、そんなの絶対許せませんよ！

師　では、その野球の試合が彼の息子が出る試合で、ふだんは仕事が忙しい彼が、ずっと前から応援に行くと子どもと約束していたものだった。ところが突然上司から休日出勤を命じられたとしたら？

ハ　そ、それなら……少しは納得できそうです……。

師　自分の義務や仕事の場合はもちろん、相手の事情と自分の欲求をくらべて引き受けてあげることが〝愛〟だと判断できるときは、たとえ多少負担に感じても、引き受けてあげたいと思うこともあるじゃろう？

ハ　ええ。

師　問題は引き受けざるを得ないときじゃな。そんなとき、自己肯定感を損ねずに、**逆に自己肯定感を強化しながら引き受けるコツがある。それが③の「主体的に引き受ける」**なんじゃよ。

仕事、家事、育児……何かを引き受けなくてはいけないあなたへ

ハ　うーん、でも、主体的に引き受けるってどういうことですか？

師　**主体的に引き受けるとは、〝自分の意思〟〝自分の選択〟で引き受けること**じゃ。押しつけられたと思えばうらみが残る。しかし、自分の選択として主体的に引き受けたとしたら？　どこにもうらみは残らないではないか。

ハ　でも、そんなのって、ホントはイヤなのに自分をごまかしているだけではないですか？

師　いや、それはごまかしではないぞ。心構えの問題じゃ。これは自分の責任、これは自分の義務、これは自分の選択だ。だからきちんとやり遂げるぞ、と考えることは覚悟じゃ。

覚悟を決めて主体的に引き受ける！

これがコツじゃよ。

ハ　そうなんですか……この講義を聞いていたら、いつかはイヤなことは自由自在に断ることができるようになるのかと思っていました……。

師　イヤなことを断れる状態＝自由自在な人生じゃと？　それでは自分の欲求にしたがって仕事に行きたくなければ休み、遊んで暮らすということになるではないか！　それは自由ではなく、自分勝手じゃろう？

ハ　たしかにそうですね。

あっ！　今、急に思い出したんですが、わたしの知り合いにこんな女性がいるんです。

彼女は将来、製菓学校に通って資格を取って、お菓子屋さんを開業するのが夢なんです。でも今は、子どもがまだ小さかったり、旦那さんの年老いた両親の介護とかで身動きがとれないんです。

先日彼女に会ったときに、「ああ、自由がほしいなあ！」と嘆いてたんですよ。

前回教わったようにわたしが話を聞いてあげたら少しは気持ちが収まったよう

ですけど、これも、同じ問題ですよね？

師　ふむ。**彼女が自由になる方法は、彼女の自由を奪っている束縛を断ち切ることではない。〝今〟を主体的に引き受けること**なのじゃ。子育てや介護をやれと言われたからやるのではなく、自分の意思でやると覚悟を決めればいいんじゃ。

その覚悟さえすれば、たとえどんな境遇にあったとしても、誰であっても、彼女の自由を侵すことはできない。なぜなら、その選択をしたのは彼女自身であって、押しつけられたためではないからじゃ。それこそが、真の〝自由自在〟ではないかな？

ハ　なるほど。じゃあ、わたしに休日出勤を頼んできた先輩の事情が子どもの野球の試合を見に行くことだとして、わたしはどう考えたらいいんでしょうか。

師　〝先輩を野球に行かせてあげること〟がハルカの愛かどうかじゃな。それが愛から出た行動であれば、先輩に愛を与えられる自分の尊さを喜ぶがいい。

しかし、**もしもそれが愛ではないと判断したならば、きっぱりと断ること。**

まちがっても自分が愛されたいと願って引き受けるのではいけないぞ。

ハ　でも、ギブアンドテイクでいつか自分も助けてもらうかもしれませんよね。そういう打算だって世の中にはたくさんあるでしょう？

師　そういうときには、「自分は今、打算で物事を考えている。ギブアンドテイクで引き受けるぞ。そういうことも必要だし、今は貸しを作るために自分が主体的に引き受ける」と覚悟を決めればいいだけのことじゃ。そう覚悟を決めたら、あとにうらみは残らない。自己肯定感も損なわない。

必要なのは、**すべての行為は自分で行った選択の結果だと覚悟を決めること**じゃ。

ハ　なるほど！　それが真の自由自在ですか。

師　まず、今言った心構え。さらに、実際に何らかの行動や作業をするときにもコツがあるんじゃ。**真剣に、そして、その作業自体に心を込める。**

ハ　心を込める？　どんな意味があるんですか？

師　たとえばレジを打つならレジを打つ作業に、釘を打つなら釘を打つ作業に、営業するなら営業に、お茶くみならば、その茶をくんで客をもてなす行為自体に心を込めて、この上なく真剣に行うんじゃ。そうすれば、**一見単純だと思われる作業自体を、そして日常生活のすべてを瞑想、つまりマインドフルネスにまで高められる**んじゃよ。

ハ　そうか、瞑想は心を「今、ここ」に結びつける手段でしたね！

師　そうじゃ！　まず、マインドフルネスとは「今、ここ」の現実にリアルタイム、かつ客観的に気づいていること。そして瞑想とは「今、ここ」に心を結びつけるための手段のひとつなんじゃ。

座ってそれを行うのは座禅やいわゆる瞑想じゃ。しかし、日常動作に心を込めるだけでもマインドフルネスの状態に入っていける。だから、掃除や洗濯や料理や食事に心を込めることを「瞑想」と言ったのじゃ。ある意味、これらは日常生活のすべてを瞑想に昇華させるすばらしいエクササイズじゃな。

ハ　お茶くみが瞑想ですか。師匠にかかると何でも修行になっちゃいますね。

ワクワクするコツ！「めんどうなこと」さえも楽しむ！

師　さらに上の段階があるぞ。

ハ　それが④の〝ワクワク引き受ける〟ですか？

師　そうじゃ。さらにもう一歩、進んで考えてみるんじゃ。**「こんな体験をさせてもらえるなんて、とてもラッキーだ」**とな。

ハ　ラッキーですか？　つまり、前に言っていた「自分にとっての学びのチャンス」だと考えるわけですね。

師　そうじゃ。こう考えてみてはどうかの？
「ちょっと気の重いことを頼まれちゃったなあ。
しかし、そもそも自分の手に負えないことなんか起こらないはずだ。
だって、自分は愛に包まれているんだから。
すると、これは難題ではなく課題のはずだ。

自分のステップアップのための課題だ。

どこまでのことを自分は受け入れて自由自在に生きられるかという、そういうお試しが、今、来ているのかもしれない。

ほかでもない、今、この課題が来ているということは、今がそれをクリアしてステップアップするベストなタイミングかもしれない。

そうか！　ラッキーなんだ。

神様、本当にありがとう。

わたしの身のまわりに起こった出来事は、すべてわたし自身の成長の種にさせていただきます」とな。

ハ　なるほど……。

師　それが意表をついた出来事であったり、思いもかけぬほど困難に思えたりしたときこそ、「ほほう、なるほど、今度はそう来ましたか」と、むしろ楽しむぐらいのつもりで取り組めばええ。

自分で楽しめば、ハルカの身のまわりの出来事は、すべて〝ワクワクすること〃で満たされるであろう。そうでなければ、ワクワクすることを望んで地の果てまで自分探しの旅に出ても、一生かかっても見つかるものではないぞ。

ハ　は、はぁ。

師　**何に対しても真剣に、そしてワクワクと取り組む**んじゃ。お茶もワクワクとくみ、レジもワクワクと打ち、営業もワクワクと出かけるんじゃ。今日はどんな出会いがあるのかな？　今日はどんな課題や学びがあるのかな？　とな。そうすると、**何気ない毎日が、日々これすべて「ワクワク瞑想」になる。**どうじゃ？　夢破れてショックかの？

ハ　いいえ、むしろ納得しました。どこか遠いところで自分の理想とするような夢が待っている！　そんなのは幻想なんじゃないかとうすうす思っていました。やはり青い鳥は身近にいたのですね。

師　〃何をするか〃ではなく〃どうやるか〃、そしてさらに〃どうあるか〃が問われているわけじゃ。特に自分にとって都合の悪いこと、イヤなことに取り組むときにはな。

ハ　ハルカ、難題を課題に変容させて自由自在に生きるのじゃ。

師　でも、この考え方で行くと、今度は何でもかんでも引き受けるということにな
ってしまいませんか？　そんなのどう考えてもムリだとか、引き受けたら自分
の生活に支障が出るってことだってあるでしょう？

ハ　深刻に考えなくても大丈夫じゃ。断れるものまで引き受けろと言うつもりはな
い。

師　安心しました。

ハ　それに、**断れるタイミングで依頼が来るときは、ひょっとすると「断る練習」が来ているのかもしれない**ぞ。ハルカのように断るのが苦手な人の場合には特にのう。
さらに言うと、**引き受けないほうが相手に対する愛情の場合もある。**

師　断るほうが愛情なんてことあります？

ハ　子どもに勉強を教えてやるのはいいが、代わりに宿題をしてやるのは本当の愛情ではないじゃろう？　ぐうたら遊んでばかりいる者に、「あるがままのお前

でいいんだから遊んでいなさい」と言ってあげることも愛ではない。

ハ　なるほど、わかりやすいです！

師　時にはビシッと言ってあげることが愛ということもある。わしもハルカをビシビシ鍛えるつもりじゃ！

ハ　うわ！

神アファメーション⑥

わたしは、今、自由自在に生きています
わたしは、今、ワクワクしています

ハ　それで？　今回のアファメーションはどうなります？

師　2つ用意してある。そのときの気分で好きなほうを選ぶがええ。
ひとつは「わたしは、今、自由自在に生きています」。
もうひとつは「わたしは、今、ワクワクしています」。

ハ　どっちもよさそうですね。

師 ではいつものように、今の気分で高らかに宣言してみい。

ハ では、「わたしは、今、自由自在に生きています」。

師 ……自由自在に生きようという決意が湧いてきました！

ハ おおっ！　ハルカよ。決意みなぎるいい顔をしておるぞ！

師 ありがとうございます！

今日はここまで！　次回までに〝自由自在〟と〝ワクワク〟の体験を積んでくるように！

とりあえずやってみよう

□頼まれごとを引き受けるときは、自分の意思で主体的に引き受ける

□神アファメーション⑥「わたしは、今、自由自在に生きています」または「わたしは、今、ワクワクしています」と唱えてみる

【6時限目】のまとめ

自由自在に生きるとは、〝今〟を主体的に引き受けること

・イヤなときはきっぱりと断ること。
それができないときは覚悟を決めて、
自分の意思で主体的に引き受ける。
・引き受けた限りは真剣に、心を込めてやる。
さらに楽しんでしまうこと。
・これらができれば、すべてはワクワクすることで
満たされる。

【7時限目】

今こそ本当の幸せを手に入れる

イヤと言えなくても自由自在に生きられる

ハ　こんにちは、師匠。

師　おう、ハルカ。今日はまた一段と顔色がいいのう。なにかよい学びがあったか?

ハ　そうなんですよ、師匠! 聞いてください!

師　まあ、そうあわてんでもええ。

ハ　茶でも1杯飲め、ですね。

師　いや、深呼吸するんじゃ。

ハ　おっと、じゃあ。スーハースーハースーハーーー。
前回の宿題は自由自在に、そしてワクワクと生きることでした。そこで、休日出勤を頼んできた先輩に、そのときの事情をきちんと聞いてみようと思ったんです。つまらない事情だったら、次からは断ろうと思ったので。そうしたら、結婚記念日で奥さんと旅行に行く予定だったんですって。ふだんは仕事が忙しくてさみしい思いをさせているから旅行を計画していたのに、突然の休日出勤命令でとても困っていたそうです。だから、引き受けたらものすごく感謝されました。引き受けてよかったと思えて、すごくスッキリした気持ちになれたんです。これが師匠が言っていた〝ワクワク引き受ける〟ですよね。

師　そのとおりじゃ。

ハ　今までのわたしなら、たとえ最初に結婚記念日のことを聞いていたとしても、引き受けるにしても、イヤイヤ引き受けてたと思うんです。でも「引き受けてあげてよかった！」という気持ちになれたんです。そうしたら、胸がジーンと熱くなっちゃって……。

師　そうか。よかったのう。

ハ　はい！「これは何の課題なのか？」「今度はそういう学びが来たか」なんて考えなくても、なんだか自分が愛のかたまりのような、そんなゴージャスな気分になれました。

師 今後も自由自在に生きることと、ワクワク生きることを心がけるようにな。

勇気を出して行動することで羽ばたける！

ハ ところで、先日の横断歩道の一件を、もう一度きちんと考えてみようと思ったんです。

師 人の目を気にして渡ることができなかった事件じゃな。

ハ はい。その道は車がほぼ来ないので、信号が赤でも結構渡れてしまうことが多いんです。そこで、誰か見ている人がいるときにわざと渡ってみようと思って、待っていたんです。

最初に来た男の人は、わたしが見ていることなんか無視して、さっさと渡っていってしまいました。「なんだ、みんな結構平気で渡っているんだな」と思っていたら、次に来たのは年配の女性で、やっぱり罪悪感みたいなのが出てきて躊躇《ちゅうちょ》してしまいました。急いでいるふりをして渡ろうかとも思ったんですが……。

結局、渡らなかったんです。でも、〝罪悪感〟〝非難されそう〟とラベルをつけたらそういう気持ちはおさまっていきました。

師 なるほど。きちんとマインドフルネスでいることができた、ということじゃな。

ハ そうなんです。そして、次に来たのは小学校1年か2年生の子どもでした。とっても小さい子で黒いランドセルが歩いているみたいで、すごくかわいいんです！

師 それで？　ハルカはズルして渡ったのか？

ハ まさか！　渡りませんよ（笑）。この子の前ではきちんとルールを守って見せるのが大人としてのわたしの役割だろうと思いました。その子は信号が青になるまで待って、しっかりと右手をあげて渡っていきました。すれちがうときに目が合って思わずニッコリしちゃいました。

師 ふうむ。どんな気持ちじゃった？

ハ 自分の意思で渡らないと決めたら、ぜんぜんモヤモヤしないんです。これが自由自在ということかも……と思いました。

師 なるほど、いい学びをしたのう。それにちゃんと〝左の頬〟も出せたな。つまり、わざと不安になりそうな状況に身をおいて、そこで出てくる思考と感情を味わったわけじゃ。

ハ そうですね！

師 左の頬テクニックもなかなか面白いものじゃろう？　気持ちにゆとりがあってじっくりと自分を観察したいときにはオススメだぞ。

6つのアファメーションを現実に当てはめてみると…

師 さて、今までの6つのアファメーションは理解したかの？

ハ はい。だいたい理解したと思うのですが、でも、なんかピンと来ないところもあります。

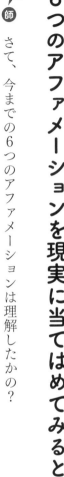

師 ではハルカの実例で当てはめてみよう。ハルカが旦那さんを手伝おうとして気づきを得た話があったな。あれを題材に使おう。

ハ お願いします。

師 こんな具合に考えてみてはどうかな？

ハルカがソファーに座ってくつろいだとたんにハルカの旦那さんが家事をはじめた〔状況〕

①タイミングが悪いなあと考えたときに〔思考〕
〝義務感〟〝罪悪感〟などの気づきを得た〔気づき〕

②ああ、世界は自分のために気づきの舞台を整え、自分の潜在意識は学びの題材を引き寄せたんだ。そんな自分はきっと世界に愛されているんだ。〔愛に包まれる〕

③世界も自分の潜在意識もありがとう。そして、自分の学びに付き合ってくれた夫よ、ありがとう！〔感謝〕

④世界が自分を愛してくれているなら、自分も自分自身を愛することができそうだ。その学びのチャンスを生かしきった自分も、けっこうすごいかも？〔自分を愛する〕

⑤ああっ！　夫への思いやりの念が急に深まってきた！本当に手伝いたくなってきた！〔愛に満ちあふれる〕

⑥最初は面倒だと思っていた手伝いも、そう考えたら学びの場に変貌した。なんだかワクワクしてきた！　よし、いやいや立ち上がるのではなく、ここは主体的に手伝うとしよう〔自由自在、ワクワク〕

どうじゃ？　今までのアファメーションのキーワードと対応させておいたから、わかりやすいじゃろう？　というわけで最後のアファメーションに行くぞ。

アファメーションを信じられなかったら

ハ　ちょ、ちょっと待ってください、師匠！

師　んっ、何じゃ？　まだなんか疑問があるのか？

ハ　この題材は、たまたまわたしがうまく行ったときのことを事例としてあげていますよね。最初の〝気づき〟はいいですよ。その瞬間に気づいておくことは、アファメーションで決意するまでもなく、その場でできますから。でも……。

師　でも、何じゃ？

ハ　それ以降は、アファメーションで潜在意識にそう信じ込ませていくのはちょっとムリがないでしょうか？

アファメーションとは「そうなりたい肯定的な自分を宣言して潜在意識に信じ込ませる」テクニックなんでしょう？

師 大筋ではそうじゃ。

ハ だとしても、世界が自分を愛してるとか、すべてに感謝できるとか、自分は自由自在に生きてるとか、そう簡単には思い込めないように思うんです。

師 そうは思えないようなことを必死に自分に言い聞かせるのは、ちょっとつらいときがあるんです。「ああ、いつまでたってもアファメーションのとおりの自分にはなれないなあ」なんて、自己嫌悪に陥ることがあるんですよ。

ハ ハルカがそう思うのもムリはない。多くの人がアファメーションの技術を使いこなせないのも、まさにそこに理由があるのじゃよ。

師 やはりそうですか！

ハ 顕在意識が「そうは言っても、自分はそうなれそうもないなあ」と思ってしまったり、ハルカが言うように「ああ、いくらアファメーションしてもそうなれない自分は情けない」と顕在意識によって自己嫌悪に陥ったりするんじゃな。

それを乗り越えるにはコツがあるが、すでに教えてあるぞ。

ハ　マインドフルネスじゃよ！

そうか！　ここでマインドフルネスですか！　具体的にはどうすればいいんでしょう？

師　まず、アファメーションを唱えたときに、ハルカが感じるネガティブな感情にラベルをつける。それから？

ハ　心の実況中継をするんですね！

師　そのとおりじゃ。違和感・つらい・自己嫌悪……どんな感情を感じていても一緒じゃ。

ハ　わたしは今、自己嫌悪にひたっていた、と実況中継するんですね。それで自己嫌悪はなくなってアファメーションがうまくいくんですね。

師　自己嫌悪を客観視することに成功したならば、少なくとも自己嫌悪自体は軽くなるじゃろう。その結果、アファメーション自体を受け入れることができるようになるかもしれん。それか、もっと自分に合ったアファメーションに書き換えたくなるかもしれん。もしくは……。

ハ　もしくは？

師　まったく別の解決策を思いつくかもしれんなあ。どのような結果になるかはハルカ次第じゃよ。

ハ　な、なるほど！　でもマインドフルネスで客観視できたら、つらい気持ちや自己嫌悪も軽くなりそうですね！

師　その結果、ハルカの潜在意識にかくされた問題点が解決する可能性もあるぞ。

神アファメーション⑦

わたしは、今、最高に幸せです

師　では改めて最後のアファメーションを発表する。これじゃ。

「わたしは、今、最高に幸せです」

ハ　「わたしは、今、最高に幸せです」……ああっ！

師　どうじゃ？

ハ　なんだかうれし涙が出てきました。これで本当の幸せが手に入るという実感が湧いてきました。

師　ハルカ、この講義もいよいよ最終回じゃ。今まで学んだことを一言で表現してみい。

ハ　はい。

今、ここに生きて
今、目の前にある課題に集中し、
自分自身を愛することが幸せの秘訣《ひけつ》。
そして、それがすでにできる人を演じていけば、いつか本物になる
ということだと思います。

師　ふぉ、ふぉ、ふぉ！　グッドじゃ！　ハルカに〝マインドフルネスと7つの神アファメーション〟講義の仮免許をあたえる。仮免を免許皆伝にするために、片時も忘れずに実践するのじゃぞ！

ハ　ありがとうございました！

とりあえずやってみよう

□アファメーションを唱え、感じているネガティブな感情にラベルをつけてみる。
そして、そのときの心の状態を実況中継してみる

□神アファメーション⑦「わたしは、今、最高に幸せです」と唱えてみる

【7時限目】のまとめ

自分とまわりの人を愛することがすべての幸せの鍵

・「今、ここ」に生きて目の前の課題を通して自己肯定感を強くし、あるがままの自分を認めて愛せるようになろう。
・自分と自分の目の前にいる人を愛することが幸せの秘訣。

おわりに

いかがでしたか？

物語を気軽に読み進めるうちに、目標達成の切り札、アファメーションとメンタルヘルスの新しい潮流「今、ここ」に生きるマインドフルネスの極意がムリなく理解できたと思います。

ただ、頭で理解するだけでは人生を変えることはできません。ぜひあなたの生活に取り入れて、活用してください。

そのために、本書は1回読んで終わりにせず、何度も読み返してもらうのが理想です。ひとつの章を1週間、繰り返し読み、潜在意識に刻み込んでください。

1週間に1章ずつ、7週間かけてマスターすることをオススメします。

ご健闘をお祈りいたします。

師匠こと藤井英雄より

最後に、まとまりのない文章をわかりやすく編集してくださった廣済堂出版の江波戸裕子さんに感謝！　さらに出版のきっかけを与えてくれた企画のたまご屋さんの長嶺超輝さんにも感謝♪

そしてなにより、ここまで読んでくださったあなたに感謝‼

お礼の気持ちを込めて、マインドフルネスについてもっと詳しくお教えします。

下のＱＲコードを読み込んでください。この本には書いていない「マインドフルネス瞑想のやり方」などを解説したＰＤＦを無料プレゼントいたします。

http://bit.ly/2JD0mZX

藤井英雄（ふじい・ひでお）

心のトリセツ研究所代表。精神科医・医学博士。

マインドフルネス実践家。日本キネシオロジー学院顧問。

マインドフルネスの実践を通じてネガティブ思考を克服した自らの経験をもとに、マインドフルネスの指導を開始。ブログやフェイスブック、セミナー、出版を通じて積極的に情報発信をおこなう。近著は『1日10秒マインドフルネス』（大和書房）、『マインドフルネスの教科書』（クローバー出版）など。

従来のリトリート（瞑想合宿）中心の訓練から、自宅で日常生活を送りながら手軽にマインドフルネスを習得できる画期的なプログラム「3秒でポジティブになる！心のトリセツ流・マインドフルネス入門」を考案、指導中。

マインドフルネスと7つの言葉だけで
自己肯定感が高い人になる本

2018年12月31日　第1版第1刷
2019年6月28日　第1版第2刷
著者　藤井英雄

発行者　後藤高志
発行所　株式会社 廣済堂出版
住所　〒101－0052
東京都千代田区神田小川町2-3-13　M&Cビル7F
電話　03－6703－0964（編集）
03－6703－0962（販売）
FAX　03－6703－0963（販売）
振替　00180-0-164137
URL　http://www.kosaido-pub.co.jp

印刷所
製本所　株式会社 廣済堂

ISBN978-4-331-52197-7　C0095
©2018 Hideo Fujii　Printed in Japan

定価はカバーに表示してあります。

落丁・乱丁本はお取り替えいたします。

無断転載は禁じられています。